JN005917

髙橋靖恵［著］

心理臨床実践
において
「伝える」こと

セラピストのこころの涵養

福村出版

目　次

はじめに

　心理臨床の技術は、従来「口伝」によるところが多くありました。理論はもちろん必要です。しかしある意味、授業やカンファレンスで、講義やコメントを聞いて盗む（というとよくない表現かもしれませんが）ことも大切です。私の唯一といってよい自慢は、大学、大学院時代を通して指導を受けた故村上英治先生（名古屋大学名誉教授）の臨床先まで押しかけて行って、多くの陪席をさせていただいたことです。おそらく多くの弟子筋の中で最も陪席をさせていただいたのではと思っています。

　当時は臨床心理士の養成システムが整っておらず、自ら志願した病院臨床実習で陪席しようと村上先生についていく私に向けて、患者さんから「また学生さんがいるの？」と言われたこともあります。村上先生は、大丈夫と判断された患者さんを選んで、彼らの背後に私を座らせました。私からは、患者さんの表情は見えなくて、村上先生の身振り手振りが私の五感にしみ込んできました。先生が語る臨床感覚にあふれた言葉をこころで感じ取ろうとするのが精一杯でした。しばらくの間、クライエントと会うときにも、打つ相槌、家族面接時の対応の仕方など、いつしかまねていたように思います。

　村上先生は、心理臨床の黎明期を牽引した第一世代としての名声に比して、多くの書物を残さなかったといえる伝説の先生でした。私は師のそこまでもまねているつもりはないのですが、ある指導生から次のようなことを言われました。博士論文指導のときに、「先生のコメントはとても大切なことで、是非論文に入れたいと思っています。でも、私より先に書いてくださらないと、あたかも私がそれを考えついたかのようになってしまい、それこそ研究倫理に反するでしょう」と。私は、「それが私の指導という役割だから、書いてもらっていいよ」と返したものの、何かわだかまりが残りました。というのは、私自身の博士論文作成の際に、同様のことがあったからです。私の博士論文下書き途中で、村上先生は逝去されました。当時の私は、悲嘆に暮れるとともに、書きかけの論文の中に出てく

る記録紙の工夫について、村上先生との討議によって生まれたところがあり、それをどう書くか、とても悩んでいたのです。結局「村上との協議の上」なる文章を本論文に残しました。

こうした体験を振り返り、本書の出版企画に至りました。幸いにも多くの機関や学会での講演等の依頼をいただいた後、その講演や研修内容を残してほしいとの声もいただきました。加えて前書『コンセンサス ロールシャッハ法』（髙橋, 2012）の序文に松木邦裕先生からいただいた励ましのお言葉を今一度読み返しながら、こうして著すことで、読者の方々からのご批判も含め、さらに心理臨床のセンスや大切なポイントを磨き上げていくことこそが、今の役割と思い直しました。

先述の村上先生の面接陪席の折に最も強く感じたのは、臨床実践上最も大切なことの1つは、「言葉」と「言葉」の「間」であるということです。面接では長い沈黙も起こりえますし、それを十分に感じて咀嚼することが大切です。「間」はそれより短く、一瞬の考えがふわりと舞うような感覚にも思えます。患者さんからの言葉の後にしばしの「間」をとって、相手が語り尽くしたことを感じてから、セラピストが言葉を発する、その「間」です。時には両者の言葉が重なってしまい、具合の悪い瞬間にも出会います。沈黙の後、どちらが言葉を発するのか、どう沈黙を味わえるのかといったことも、その「間」のとり方に関係することです。「間が悪い」のは、それがうまくいかないときでしょうし、セラピスト自身、「間がもたない」印象を抱けば、ある意味、患者理解（アセスメント）が十分ではないという1つのサインになるのです。

投映法検査での実習で、私が「デモ」をして見せるのは、そうした意味もあるのです。「学ぶ」は、「まねぶ」（広辞苑第7版では、「真似る」と同源）①まねてならう。まねする）とあります。しかし、研究倫理上、「剽窃」は厳禁です。論文を勝手に盗むことと、技術を受け継ぐこととはまったく異なるのですが、現代では、その区別についても「講義」していかないと誤解を生むようで、窮屈な思いをしてしまいます。

つまり実践家としてもまた研究者としても、心理臨床のこころを学ぶ際の、「お作法」をしっかりと初心のうちに習得しておかないと、しだいに道から外れていってしまうことになりかねません。

私の前書（髙橋, 2014a, b）で述べている、「型をしっかり覚えた後に『型

破り』になれる」という「名言」は、無着成恭（1984）他が語った言葉です。故十八代目中村勘三郎は、これを座右の銘にしていたといいます。正統な「型破り」になるには基礎をしっかりと頭に入れ、その中から自分の流派を育てていくことです。

　最初に「まねる」ことから、しっかり型を学んでいくことが、いかなる技術の伝承にも必要なことでしょう。私たち心理臨床家としての生業に照らしていえば、初期の面接陪席訓練やスーパーヴィジョン、事例検討で、十分な信頼関係のもとに「基本の型」を学んだ後やってくる「型破りになる力」は、私たちが独自の心理臨床家となる力であると考えます。そしてそれをさらに育むことで、指導者として成長していくものであり、指導者になってもこの歩みは絶えることなく続くということを、まずは強調しておきます。

　ところで、本書を「伝える」というテーマにしたことについて、触れておきます。冒頭に述べた私の師である村上英治先生は、心理臨床を学ぶにあたり、常に「患者から学ぶ」という姿勢を伝え続けてこられました。村上（1992a）では、患者は「治療者から学ぶ」もの、「治療者によって教えを受ける、治される」もの、といった固定観念について批判しています。「患者から学ぶ」という信念をもとに、治療状況における治療者と患者をして、水平の人間関係に立つ発想の転換を求め、「はたらきかけ－うけとめ－はたらきかえし」といった共存する相互作用として、臨床的人間関係を念頭に置くとき、良き伴侶者という表現が浮かぶといいます。そして、治療者から学ぶのでも、患者から学ぶのでもなく、「ともに学ぶ」「ともに歩む」といった「ともにある」ことを目指して、「伴侶者としての私」でありたいと述べています（村上, 1992a）。これらの私の学びは、上記同様に前書（高橋, 2014a, b）でも記してきました。

　しかし本書では、学ぶでも歩むでもなく、「伝える」をテーマにしました。「伝える」という言葉から、どのようなイメージが浮かぶでしょうか。実は本書を企画して井上誠氏に提案した際は、「聴く」「読む」「伝える」という3部構成を考えていました。「聴く」は、文字通り対象者の語りをどう聴くかであり、面接での語りとアセスメント時の語りが異なる点にも注意しながら、いくつかの視点をまとめようというものでした。「読む」

については、データの読み方という意味のみならず、投映法を読む、患者さんの語りを理解していくという意味の「読む」も含み込みたかったのです。そして、最後の「伝える」については、とても多くの内容が浮かびました。

　まず、心理アセスメントをもとにして、依頼者に向かって伝えること、そして、クライエント（患者）に伝えることについてです。以前に短文でまとめてきたこと、研修会で話したことに加筆して述べたいと思いました。検査や面接の結果をいかにしてフィードバックするか、このフィードバックがもらえなくて失望したので、治療機関を変わったという声も聞きます。治療に活かすために、どのように依頼者に伝えるべきか、また本人に伝える場合や家族に伝える場合の配慮はどのようにすべきかを論じます。すると、自ずとその後の面接での「伝え方」に関しても加筆が必要になります。面接の「技法」は、学派によって多くの先達の先生方が著しておられますので、とても足下にも及びません。まずは基本的な伝え方についてまとめようと考えました。そして私が現職に就いたことでスーパーヴィジョンについて深く考え学び続ける経験を得られたので、スーパーヴィジョンを通して、「心理療法について共に考えること」「心理アセスメントの技術を伝えること」について、述べたいと考えました。そこで、まずは「伝える」ことに焦点を絞り直したのです。それでこれらの執筆期間は、企画の段階から思わぬ長い時間を要してしまいました。

　今一度、先の村上先生の言葉に立ち返ってみます。クライエント（患者）に「伝える」ことは、視線を同じくして共に理解していくこととは、かけ離れるということなのでしょうか。村上先生と同じく心理臨床の第一人者であり精神分析家である前田重治先生のエッセーにも、「クライエントに学ぶ」ということがまとめられています（前田, 1992）。そこには、大学院生らとの事例検討会において、「クライエントから学ぶとよく言われるが、面接では教えることが必要ではないか」とあえて伝えてみて反響を見たという記述が出てきます。前田のいうところの「教える」は、もちろん権威的に生活態度や問題点の指摘をするものではなく、「相手にとって、何か頼りになるという安心感、信頼感、確固さみたいなものを守っているという意味」といいます。それゆえ、面接者として理解した「見立て」について、示唆したり、伝えたり、気づかせたりするから、いわゆる教えるにあ

たるのではないかというのです。ここで、「教える」に抵抗があるならば、「与える」とか「伝える」と言い直してもよいと加筆されています。

　これは、私の思いを後押ししてもらえたように思いました。とりわけ、今は「揺るぎなさ」という安定感で表される「確固さ」というフレーズはとても大切なことです。

　Casement（1985　松木監訳, 1991）の「患者から学ぶ」でも、技法論によって押しつけるものではなく、セラピストの誠実さを大切にしています。私も本書で何かの技法を伝えたり、手ほどきしたりしようなどとは思っておりません。むしろ、いくつかの例や体験を読んでもらうことで、心理臨床家の専門性の1つである「クライエント(患者）に、そのこころを尽くして伝えること」について、どう考えるべきかの一助になればと考えます。

　セラピストとしても指導者としても、常に柔軟に考える姿勢を伴った「揺るぎなさ」「確固さ」は目指すところです。そして、とても困難なことでもあります。それらも含めて、本書で「伝えて」いくことができればと考えます。

　また私の専門の1つとしてきた心理アセスメントについては、実践書が近年多く出版されるようになり、私の前書（髙橋, 2014b, 2021a）でも、多くの仲間たちの実践や研究実績の披露も兼ねて、広く読まれる書物を目指してきました。その思いは叶いつつあるといえます。

　本書では、さらに幅を広げて、心理アセスメント、心理療法、スーパーヴィジョン、そして家族とのかかわりも含めて取り上げています。これから臨床活動をはじめようとする大学生、大学院生諸氏から、すでに専門職に就き、指導的な役割を果たしている先生方にまで読んでいただけるように願っています。

　特に、臨床心理士の役割がさらに問い直され、その専門性を磨いていくことが求められる現代において、他職種との協働は大変重要な視点と思います。心理アセスメントは、こころの支援のはじまりに実施されることが多く、カンファレンスにおいて、心理検査の結果も踏まえて最終的な治療方針の決定に至ることもあります。心理療法のプロセスは、多職種間での共有は難しいところです。それでも、それぞれの専門性を活かしたかか

わりが十分に発揮されるためには、心理臨床の専門家だけに通用する言葉を書き並べたものではなく、他職種にも伝わる言葉でまとめる必要があると考えます。これらの観点も含めて、クライエント（患者）やその家族にもどう伝えていくかという問題こそ、慎重で入念な検討を続けていくべきでしょう。また本書には、「セラピストのこころの涵養」というサブタイトルをつけています。それは私が、さまざまな訓練や修練がセラピスト自身にしみ込み、セラピストのこころとして機能していくためには、生涯といってもいいほどの時間をかけていくことと考えているからです。

　本書全体が、これらのことを含めて「伝える」役割を果たせたらと祈念しています。

＊以下に、本書で使用する用語の表記について説明します。
　「クライエント」または「患者」という表記ですが、幅広い心理臨床実践領域を念頭に記述する際には、「クライエント」と記します。特に心理アセスメントに関しては、医療機関を想定してクライエント（患者）あるいは患者という表記になっています。
　また、心理療法全般については、「心理療法」と表記していますが、精神分析的心理療法については、私の資格との関連から、「精神分析的精神療法」としています。
　こころの支援をめぐる資格が多数あることから、心理臨床実践に携わる専門家を総称して「心理臨床家」として表記しています。臨床心理士に特定する場合は、その記載になります。心理療法の担当者としては、セラピストと表記しています。

第1章

心理療法において「伝える」こと

1 心理療法の経験と訓練

　心理療法の基本は、「聴くこととそれに応じて伝え返す（語る）こと」
であり、その訓練のために極めて長い年月を費やします。また、「聴くこ
と」には、身体で聴く、つまり気配やたたずまい、表情や服装など、すべ
てを感じ取ることが含まれます。したがってその感度についても含める
と、終わりのない訓練なのかもしれません。聴くことが上達すれば、初心
の頃ならば中断してしまっていたクライエント（以下、本章ではクライエン
トに統一）と、心理療法が継続していくのでしょう。

　私自身が入門したての頃のインテーク実習で、「いかにして時計を見な
いで、必要な項目を逃さず聴き取れるか」、「そして、事情聴取ではない傾
聴ができるのか」、「ここでノートを取るべきなのか」といったことに、毎
回内心冷や汗をかきながら、挑む気持ちでいたことを思い出します。そし
て、少しばかり聴くことや感じ取ることができるようになると、より一層
難しい（簡単な問題を抱えたクライエントはもちろん存在しませんが）面接が待
ち受けているのです。いわゆる治療の行き詰まりを経験し、それをいかに
して乗り越えるか、クライエントと共に生き残ることができるのかについ
て、さらに学びが求められます。

　私は、とても困難な心理療法過程を経験すると、自らの経験年数にか
かわらずスーパーヴィジョンを受けてきました。心理臨床家になって、さ
らに指導者になると、今さら訓練を受けるの？　指導者としては恥ずかし
い、自分が劣るようだなどと感じる人もいるようですが、人のこころは、
簡単に理解できるものでしょうか。ボタンを押せばぱっと回答が出てくる
ものでしょうか。そうではありません。

　「私には経験知があるから」という、心理臨床家もいるでしょう。自分
自身の（心理臨床実践）ファイルから、今向き合っているクライエントに
近いものを抜き出して参照することで、ある程度の「見通し」は立てられ
るのかもしれません。事実、私たちはそのようにして、「経験の蓄積」を
大切にしています。そのファイルは未完のものや、うまくいかなかったも
のであるほど、多くを語ってくれるのです。しかし、クライエントは、固
有で唯一無二の人です。これは、いうまでもないことです。そして、現代

社会のさまざまな変化は、人の生きる環境を大きく変えてきています。環境によって変わらずにいるものと、大きく影響を受けるもの、それらも含め学びは必要です。それゆえ、専門家としての訓練を常に受けていく心構えが必要だと思うのです。

この訓練については、後半の第4章で「心理療法のスーパーヴィジョン」における「伝える」ことについて詳述します。

ここで付け加えて述べたいこととして、「知らないこと」についてあげておきます。私はこれまで大学院生の教育、とりわけカンファレンスでの討論の時間において、大学院生らが静かになってしまうことを体験しています。彼らは「何も知らない」はずなのです。だから、質問がたくさん出てもおかしくないのですが、教室はしーんとしていて意見が出ません。結局業を煮やした教員から質問が出てきます。私は特に修士課程の大学院生に対しては、疑問が言葉にならない、質問としてまとまりをなさないもどかしさや未熟さを感じているとも思っています。そこで、「何を質問したらいいかわからないのかもしれません」と彼らに対する理解を伝え、まったく初歩的な質問でかまわないと繰り返すうちに、おずおずと質問が出てきます。もちろんそれでも何も問わない大学院生もいます。

それが、博士後期課程の大学院生になると、疑問を出すことができるようになります。おそらく心理療法の体験から、「何がわからないかが、少しわかってきた」のだと思います。

同じ「知らない」という事柄で少し観点の異なることですが、セラピー上でこうした知らないことと向き合う難しさから、時期尚早に知ろうとしてしまうことが、精神分析の領域で取り上げられています。詩人John Keatsが、詩人にとって不可欠の能力として負の能力（negative capability）を取り上げたことを引用して、Bionが精神療法において大切なこととして取り上げ、『ビオンとの対話』の中で、下記のように説明しています。

　　私たちは、できる限りのことをし、無知であることを嫌います。無知はまったく不快なものです。だから、私たちは答えを知ろうと打ち込みます。あるいは、答えを捻り出そうとしたり、議論を打ち切ってしまおうとするこころの内部からの圧力に押されます。キーツは兄への手紙のなかで、「負の能力」と名づけたものについて書いています。明らか

にキーツは、これと同じ興味をそそる事柄について語っています。つまり、見たり聞いたりしたくないものについては、ほとんどの人々は打ち切りたいと思うということです。（Bion, 1994　祖父江訳, 1998, p.27）

　例えば、セラピストがそれなりに経験を積んでいくと「知らない」ことが恥ずかしいと思えることも想像に難くないでしょう。そして、他の心理臨床家から「こんなことも知らない」と思われることを回避したい。さらには、クライエントに対して、知らないことに耐えられず、「知っているふりをする」のかもしれません。しかし、その態度そのものが、セラピーにおいて最も重要なことを見逃してしまうことにつながるのです。

　松木（2009）は、この「知らないことにもちこたえること」について、次のように述べています。「私たちこそが、知らないことにもちこたえて、本当に知ることをなし遂げ、それをクライエントと分かち合う、あるいはクライエントとともにほんとうに知ろうとしなければならないのです」（p.159）。同書において、「負の能力（negative capability）」を、「真実や道理を得ようといらだってあがくことなく、不確実、神秘さ、疑惑の中にいることができる」能力と、定義しています（p.160）。またBion自身の論文としては、Chiris Mawson編集の *Three Papers of W. R. Bion* に所収の「Negative Capability」（Bion, 1967b）に詳述されています。

　私が、ある程度心理療法の経験を積んでから、長年かかわっているクライエントと面接しているときに「わからないこと」に遭遇して、自分自身のプロセスノートに「まだこんなことも知らない」と書いた覚えがあります。さまざまな対象に対して、クライエントが幾度か繰り返されてきている体験に目を向けることが重要といわれています。しかし、ずいぶんとセッションを重ねてようやく、「なぜ毎回こうなるのだろう」という疑問にぶつかることがあるのです。つまり、それまでは疑問にすら思わないで、ただ漫然と聴いていた、あるいは、聴かされていたのかもしれません。

　心理療法では、これらの体験の積み重ねからようやく発見に至り、クライエントに伝えることで、クライエントと共に考えることができるのです。この発見に対して光を照らしてくれるのはスーパーヴィジョンなのでしょう。しかし、それだけでは、セラピストが真に理解するのは難しい場

合があります。セラピストの内なる発見とでもいいましょうか。それを促してくれるのは、セラピスト自身が受ける訓練精神療法であると思うのです。

　こうしてわからないことに自分が開かれてくると、心理臨床実践経験を積んでからあらためてセミナーで学ぶこと、指導者である役割のみではなく学び手として「わからないこと」の質問ができることは、心理臨床家にとってとても意義深いことになっていきます。

2　心理療法において「伝える」ことをめぐって

　さて、クライエントについて理解したことをいかにして本人に伝えるか、そしてそれに応じたクライエントの様相についてどう理解するかは、治療技法によって異なるといえます。例えば、セラピストから、「今あなたは、……ということを私に伝えようとされたのですね」そして「それはこういう意味がありそうです」と、伝えたとします。するとクライエントから、「そうでしょうか。私はこう先生に伝えたかったのです」と、異を唱えられた場合、「そうでしたか」といったん留め置き、先に話した内容についてセラピストが再度咀嚼し、このような違いが生まれたのはなぜだろうかと考えます。

　私という対象に対してのクライエントの転移を見出すやり方は、精神分析的といえるでしょう。そうして、クライエントの自由な連想の邪魔をしないようにするのです。「そのこと」をめぐる対話が積み重なっていけば、クライエントの抱えている問題にとって重要なことに共に触れられている感覚をもつのです。

　ここで、その咀嚼の時間が2人にとって大切といえます。異議を唱えるクライエントのこころには、セラピストの言葉を受け止めかねるほどの不安が、怖れがあるのかもしれません。そこで、「違う」と伝えたらセラピストはどういう態度をとるのだろうという不安があって、「先生の言われる通りです」と迎合する場合が多いと考えられます。本当に信頼できてこそ「異を唱えても大丈夫」という感覚が生まれるのは、日常生活での対人関係からも理解できるところでしょう。

さて、先の例に戻って、クライエントから異を唱えられた場合、セラピストは熟考せずに、急いで言葉にして返したくなってしまうときもあります。「そうでしたか、それは私の理解が間違っていました。すみませんでした」とセラピストが謝ってしまう場合です。するとクライエントはどう思うでしょう。「せっかく、私のために時間を取ってもらっていて、私のために一生懸命考えてくれている先生に反抗して申し訳なかった……」といった罪悪感を抱きかねません。そうなると、次からは、「そうではありません」とは言えなくなってしまい、面接の場がセラピスト－クライエント双方にとって、不自由になるのです。

　一方、まったくの聴き間違いをセラピストがしていたとしたら、それはセラピストの中にどんな想いがよぎっていたのかについて、吟味が必要です。逆転移感情から、「聴き間違い」や「意味の取り違い」をしていたと考えるプロセスが治療に活かされるのです。

　さらには、上記の「そのこと」をめぐる対話がはじまった途端に「ところで」と、話題を変えるクライエントもいます。セラピストは、それについていくしかありません。しかし、「そのこと」は、とても重大なことであり、だからこそ触れたくないのだと考えます。したがって面接が進むうちに、やがて「そのこと」が再び面接に持ち込まれるときがやってきます。そして、クライエントが「そのこと」を話し合うことを避けてきた気持ちについて、セラピストが触れることができたら、これまで話されてきたいくつかの事実のつながりが共に実感されるでしょう。

　松木（2009）は、「知らないことにもちこたえることができたとき、幾つかの事実の連接が直観され、そこから発見された事実に基づいた新たなひとつの概念を形成するのが、"選択された事実"です」と、説明しています。精神分析的、あるいは力動的な心理療法にあっては、こうした行き違いやすれ違いを「伝えること」を通して実感するでしょうし、そのズレもまた、理解の一助になると思うのです。

　一方、行動療法的な考え方では、クライエントの訴えを正しく理解して、治療方針を正確に立てていくでしょうから、こうした行き違いは、直ちに訂正され、そうしたズレがないように進めていくと思います。

3 クライエントに「伝える」こと

（1）私の実践例から──セラピストとの対話に違和感を訴えるクライエントとのかかわり

　本節では、私自身の体験をもとに臨床ビネットとして提示し、前節で述べた「ズレ」について、臨床実践プロセスとともに考えてみます。

　私が以前論文にまとめた、ある統合失調症の20歳代の男性との長いプロセスにおいて、このようなやりとりがありました。髙橋（2003c）より抜粋し、本書に見合うように修正を施しました。

　　当初頑なで融通の利かない印象が強かったＡであるが、心理療法の場面でしだいに雑談も交わされるようになり、セラピスト自身が「素」になって多くの一見雑談にみえるような対話に応じていた。このような雰囲気は、松本（1987）の述べるような、「接線的触れ合い」ともいうべきものでもある。セラピストは、クライエントが前に言ったことを少しズレ、あるいは勘違いをして覚えていて、面接場面で返すことが出てきていた。それまでの段階ならば、こうしたズレはそのまま信頼関係を揺るがす事態となるため、セラピストも注意してできる限り起こさないようにするが、クライエントとの長年の治療関係に慣れ親しんだセラピストの方にもゆとりが出てきてうっかり間違えた。このわずかな違いがＡから「違うよー、こう言ったじゃない！」といった言動を生み、笑いを伴った会話に発展していったのである。つまり、守られた治療場面の中で、Ａがその差異を意識していくことは、他者とは違う自分という自己像を結んでいくプロセスにつながっている。自分が何者であるかわからない病を抱えていたＡが、自分の主張について、しっかりと明言するのである。これこそが、Ａ自身の病理性だけではない変化への兆しにつながるのである。

　　Ａは面接の導入期に、「僕のことは何でも知っているものね」と言っていたが、当時からセラピストが、「何でも知っているとは言えないよ」と曖昧に答えていた。この対話では、「何でもお見通しの不安」と「何

も理解されない不安」が同時に生まれてくる。それらを面接場面でしっかり抱えられるか否かが、大切であった。

　最後に付け加えているように、面接の導入期は、自分のことをどれだけ理解してくれているか、主治医と話し合っているか、自分は今どんな状態と思うかなどの問いかけが頻繁にありました。それに対して、おそらくＡにとっては、過酷な「曖昧さ」をもって応じていたのです。しかし、そこで「わかる」とも「わからない」とも断定できない正直なセラピストでいることが、それ以降の重要な信頼関係の礎となったのは、いうまでもありません。

　当時の私はクライエントに忠実に、間違ったことを言っては傷つけてしまうと気負っていたのですが、Ａからの「違うよー」という言葉を聴いたときに、不思議にこころから感動を覚えたことを今も鮮明に思い出すことができます。Ａ自身のこころの叫びと感じ、その確かさに感じ入ったと思います。心理療法上の手応えともいうべき瞬間でした。このズレをしっかりと味わうことは、私が「患者から学んだ」大切なことでした。

　この体験をきっかけとして、「セラピストとしての私は間違えてはいけない」のではなく、「間違いを指摘できるクライエント」と、「すべてセラピストの言葉の通り受け入れようとするクライエント」をしっかり見ていくようになりました。多くの書籍や事例のプロセスを読むことで、こんなことは当たり前のことと思われるかもしれません。しかし、とりわけ精神病圏の問題を抱えたクライエントに対して、ようやく言葉にできたことを「壊れ物を扱うように」抱えてすくい取ろうとする中で、彼らを傷つけてはいけないと緊張してしまうセラピストの在りようも自然な姿勢といえるのです。

　このセラピーは、Ａ自身の症状の悪化から、迫害不安が強くなって家族を攻撃し、周りからの音を遮断して引きこもり、家族はその激しさに圧倒されＡを支えきれなくなって、入院を余儀なくされたところからはじまりました。心理療法を依頼されたとき、私は彼との面接を進められるかとても不安でした。外界は彼を迫害するものであふれていました。すっかり怯えきっていたＡは、誰にもこころを開こうとしなかったのです。そして、病の恐ろしい襲来に対して身を守る術を共に考えることからはじめ、

A自身がこころの変化を受け入れ、それを誇らしくセラピストに伝えていく言葉にも感慨深いものがありました。長い長いときを経て、この「ズレ」の主張が現れたのです。そして私たちの心理療法が終わったとき、Aが家族を支え、家族にとってなくてはならない存在として、生きる意義を見出していたのです。

　実際、重篤な精神病圏の問題を抱えたクライエントとこのズレを味わうことができる治療関係に至るまでには、果てしない道のりが必要なのです。先の見通しがきかない長い時間ですが、それを共に歩む覚悟は両者に必要でしょう。

（2）私の実践例から——自分自身に起きた違和感を訴えるクライエントとのかかわり

　もう1つ、別の事例を引用します。Bは、50歳代の女性で、夫と子どもと生活をしていました、あるとき自分自身の感覚として違和感（ものの名前を忘れてしまう、こなしていた家事ができなくなっている）を抱いて来院しました。「早期の認知症になってしまったのではないか」との不安から、私とは別の臨床心理士が関連する心理検査を実施し、認知症の兆候がないとはいえないといった結果が提出されました。しかしながら、主治医は、彼女の抱えるこころの問題との関連性が深いと見立て、私に面接によるアセスメントを兼ねての心理療法の依頼がありました。

　Bは、心理面接の導入時には不安が高く落ち着かない様子で、それまでこなしてきた家事ができなくなってしまったこと、子育てにこれまで精一杯努力してきたことなどを語りました。実は彼女の一家が、ある問題に巻き込まれてしまうというとても辛い体験があったのです。これは、一家にとってさまざまな変化をもたらすことになりました。もともとBは、能力も高く社会人として指導者の役割を果たしてきたのですが、このできごとによって、Bは、それまで以上に子どもを守っていく覚悟を決めて、専業主婦として生きてきました。そして、無事に子育てを終え、子どもは自分の決めた道を順調に歩み、社会人として独立して、力を発揮することができたようです。その矢先の入院だったのです。

　Bは、不安や抑うつ感の改善により退院しましたが、私との心理療法は

外来でも継続していきました。身体の疾患を抱えていた彼女は、そちらの治療にも専念しなくてはならず、毎週の約束の心理療法はいく度か休まねばなりませんでした。私は、この過去の体験と必死で守ってきた子どもの自立が、B自身に荷下ろし的な脱力感をもたらしているように感じていました。

　Bは、子どもの成長について話すときに、髪をかき上げ、一瞬ですが足を組む様子が見られ、「自慢の……」という気持ちが伝わってきました。私からも、「そうして必死で守って育ててきたお子さんが立派になられたことは、とても誇らしく、しかし少し寂しいことですね」という意味の言葉を返しました。私は、少しばかり「誇りに思っている」という気持ちを強調しました。すると、これまで語られなかったさまざまなBの成長の中で感じてきた家庭内の歪み、3世代に受け継がれる家族にまつわる問題が語られていきました。それらの1つひとつの意味と、彼女への影響を話し合っていくうちに、しだいにもとのように家事ができるようになっていったのです。

　それが明確になったのは、帰省した子どもに、好物を作ってあげたいという強い願いからでした。どんな料理であるかと尋ねましたが、どこの家庭でも朝食によく出てくるような卵料理のアレンジでした。それに少しばかり豪華な食材を使って、その子への思いのこもった料理であったのです。

　入院中には、それすら作ることができないと嘆いていました。どうやって作っていたのかうまく想像できないと訴えていたのです。しかし退院後は、難なく作ることができて、子どもも喜んでくれた様子でした。さらに次々とBとこの家族を巻き込む問題が生じましたが、彼女自身の力と夫や子どもの協力で、1つひとつ丁寧に乗り越えていきました。

　その中には、Bと両親の問題もありました。彼女が極めて優秀であったことから期待も大きく、それに応えることが生きる目的でもあったようです。同胞との関係にもそれは反映されていました。そして、Bは、母親よりも父親に強く信頼感を抱いており、父親が亡くなって、その喪失感は計り知れないものでありました。難事に向き合うたびに、「父が生きていたら」といく度も思ったようです。しかし、Bのこころがしだいに回復していくことで、いったん「何もできない、力のない私」になってしまったB

自身が、家全体について夫と共に主導権をもっていったことが自信につながったのです。

　こうしてBは、もともともっていた力を取り戻し、不安を克服することができて心理療法は終了となりました。面接開始時には食事の支度がまるでできなくなってしまったと嘆いていたのですが、終了時は家族から料理本を出版したらと言われるほどに腕を上げていました。

　実際は長い年月を必要とした心理療法プロセスですが、このBの振る舞いに密かに漂う「自責の念とともにある自負」を私は言葉にして支えていったように思っています。

　大切な子どもをひどい問題に巻き込んでしまったとBは思っていたのですが、子どもは無事に成長していったのです。一方、Bはそれを自らの自信にするどころか、源家族での母子関係の再燃や、次々と起こる家族の問題から、おそらくこれまで生きてきた自分の力が認められず崩壊してしまうなら、「認知症になって、すべてを忘れてしまいたい」という想いであったと、私は理解しました。

　Bとの心理療法プロセスの概要を書物に記す許可を得たとき、いったん終えた面接後、再び駆け寄ってきてこう付け加えられました。「先生は、私と面接をしてきたわけで、子どもとは一切かかわっていません。なのに、私だけではなく、子どもがとても明るく自信をもって生きているようになっています。それは、とても不思議な感覚で、私自身だけでなく、子どもも変化したことを必ず書いてください」と言われたのです。

　こうして語ってくれたBとかかわってきた心理療法プロセスを振り返り、彼女に感謝するとともに、私のライフワークでもある家族の支援につながった面接であったと、印象深く思っています。

（3）自分自身の生き方を振り返る場としての心理療法

　教育人間学、死生学で著名な西平は、著書『誕生のインファンティア』（西平, 2015）で、生の問いと死への問いについて、学生たちの声も含めて真摯に向き合い、その神秘に導かれるようにまとめ上げています。その中では巧みに精神分析を取り入れ、その生と死の不思議について語っています。そして「赤ちゃんはどこから来たのか」という章の中では、フロイト

の症例「ハンス」(Freud, 1909　福田訳, 2008) を取り上げています。ハンス
は、馬恐怖の症状についてエディプスコンプレックス、去勢不安が背景に
ある症例として読まれていますが、ここでは、少年ハンスによる誕生の探
究として読み込んでいっているのです。

　妹の誕生をきっかけにして、自分はどうして生まれたのか、妹はどこか
らやってきたのか、と問い続け、妹の誕生を受け入れることができなかっ
たハンス少年。そして、赤ん坊の誕生につながる排出ということに恐怖を
感じていたのです。しかし、ハンス自身が「卵を産んだことがある」とい
う発見に辿り着きます。そうして、子どもを産んだと同時に、子どもとし
て生まれてきたとする自らの存在の物語というわけです。

　さらに、私たちが「在る」ということを追究し続ける西平は、「なぜ私
を生んだのか」、「なぜ来たのか、何のためにここにいるのか」という問い
に迫ります。阿闍世物語やエディプス神話を引用しながら「未生怨」に触
れていきます。そうして九鬼周造の「偶然性」を紐解きながら、「気がつ
いたときにはいた」、そして、さまざまな「怨」をめぐる嘆かわしく想う
自らの運命に対しても、「偶然を必然化していく」ことで、自ら救われる
といいます。運命はあらかじめ固定しているものではなく、自らの意志で
創り出していくというのです。

　こんな簡単な要約では、含蓄のある本書に対して大変失礼と思いますの
で、是非参照してみてください。私は本書に触れることで、私たちの生業
は、こうした自らのさだめを嘆き、怨を抱えてやってくるクライエントが
自らの意志でその後の人生を歩み、自らの意志で平穏で幸せな生活を手に
入れていくことに、寄り添うことのように感じました。

　そこで前項の事例Bについて、こころの状態と面接プロセスをあらため
て見直してみます。事態はまったく異なるのですが、Bは、ある問題から
自分の子どもを守りきれなかった罪悪感を抱え、必死で生きてきたと思い
ます。そして、それに応えるかのように子どもの方も立派に成長しまし
た。ならば、この物語はある意味、それでひとまずの終止符が打たれて
もよいはずです。しかしBは、そうして成長した子どもが離れていき、親
の介護がはじまると、自らの生を放棄するかのような症状に苛まれるので
す。つまり、家族に襲来した問題を必死に解決していたときではなく、無
事に子どもが自立していく段階においてこころの病みが顕在化したので

18

す。面接のプロセスで語られたのは、彼女自身がこの一家の犠牲となって生きてきたことでした。親や同胞に対するB自身の「怨」とそれを感じてしまう自分自身への怒りと罪悪感に苛まれているようでした。彼女は、自ら早期の認知症になってしまって何もできなくなったと訴えるのですが、見立てを間違えると、そのライン（つまり認知症の問題という理解）で治療が進んでしまいます。このセラピーでは、主治医と共にB自身のパーソナリティや抱えている問題を丁寧に理解し、投薬も心理療法も彼女の生き方の見直しに焦点づけていきました。

　そして数年の心理療法によって、Bは自らの生を見直し、押しつけられた役割ではない能動的な生き方を思い出していくことで、子どもの分離を讃え、自らも解放されていったのです。

　私たちの心理臨床実践では、もう一度自らを生き直すという言葉がよく使われます。私の中では、すべてを忘れたくなってしまったBの辛さや痛みが、面接室に漂い、それを受け止めて意味をもって返していく中で、彼女の生き直しがはじまったように感じています。そしてそれは家族に大きな影響を与えたのです。それゆえ、最後にBは、わざわざ駆け寄ってきてまで、「自分のための面接であったはずなのに、家族がいきいきとしてきた」ことを、伝えに来たのでしょう。そして、彼女は、何らかの外的な問題に巻き込まれた場合は、こうしたセラピーが早く受けられるような社会の仕組みがあるとよいとも語りました。

　もっと早く出会いたかったというわけですが、このタイミングを待つことも彼女の人生にとって意味があったと私は思います。なぜこのときでなくてはならなかったのでしょうか。それは、やはりBが自らの物語を創っていく意志が生まれるのを待っていたといえるのかもしれません。

　私はBの話を聴いて、これまでの子育てがいかに大変だったのかに共感するだけではなく、それをある程度やり遂げた後にやってきた、子どもとしての自分自身の生き方について問い直したい思いを抱いているという理解を伝えていきました。Bは、それを自ら考えていく力をもっていました。それを信じていくセラピストの姿勢も大切であったかと思います。

　さて、Aの場合、私たちが出会ったときの彼の状態は冷静さを欠き、いわゆる急性症状に苛まれているところでした。私は、彼のこれまで生きてきた物語を、ゆっくり時間をかけて理解してきました。Aが引きこもって

来院できないときに代わりに母親が来院し、私との面接をつないでいったのは、この事例の特徴といえます。本来は、本人の担当である私は家族と面接をせず、家族の対応は主治医に任せるべきでしょう。しかし、Aは、母親と私が会うことを望み、自分が家から出られない時間をつないでほしいようでした。

これを引き受けた私は、彼が語れなかった家族の物語を母親から聴くことができ、Aの抱えてきた家族に対しての複雑な想いを理解したのです。しかし、いくら彼が望んだとはいえ、母親から話されたことを、私から本人の面接に持ち込むことはできません。後日来院できた彼自身が「母が話したと思うけれど」と語ることを受け取り、取り上げるにとどめていたのです。

そうした意味では、私とAのそれぞれのこころの中で、彼が生まれて問題の発生に至ったプロセスを静かに辿っていたといえます。そして心理療法開始後はともに、心理療法によって変化していった生き方を語り合っていったのです。彼は折々に「良くなった」ことをしみじみと語っていました。またそれを私にも主治医にも「ちゃんと見ていてほしい」と思っていたと語ったのです。

4 多職種との連携で心理療法を導入する

(1) 医療現場における医師とのA-Tスプリット——心理療法を立ち上げる上で伝えること

前述の事例A、Bはともに、私が医療機関で実践した事例です。そのプロセスで「主治医」という対象は、心理療法を進める上で、私にとっても、クライエントにとっても重要な他者となります。医療機関では、主治医といい、特に力動的な心理療法を実践する上では、同じ機関の所属とは限らない、クライエントの生活の指導や管理を行うという意味で、「管理医」と称します。ここでは、幅広く医療機関で心理療法によってかかわる患者－クライエントの立場に立って、「主治医」という総称で記していきます。

特に精神分析的な心理療法を進めていく上では、上記の主治医（管理医）を Administrator、心理療法を実践する者を Therapist とし、「A-T スプリット」と称して実践しています。この「A-T スプリット」について、2007 年に日本精神分析学会刊行の学術雑誌である『精神分析研究』で、特集が組まれていました。そこで、岩崎（2007）、狩野（2007）らによって、この言葉が実は日本固有のものであること、とりわけ、パーソナリティ障害を抱えたクライエントとの治療において有効とされ、1970 年代前半から用いられてきたということについて概説しています。

　さて、そのようにして心理臨床家が多職種連携のもとで心理療法を実践していく場合の留意すべき点について考えます。私は先に、所属する臨床心理学講座・臨床実践指導者養成コースの紀要に、カンファレンスで発表したことを図示しながらまとめました（髙橋, 2019）。

　さらに 2022 年日本精神分析学会第 68 回大会での医療問題委員会・臨床心理委員会合同企画シンポジウム「一般臨床において精神分析的設定を立ち上げること」にて、臨床心理士の立場から提言を行いました。これらで発信したことをもとにして、以下にまとめてみます。

　ここでいう A-T スプリットは、本来管理医と精神分析や精神分析的精神療法を実施する精神分析家、あるいは精神療法家を指しているため、必ずしもセラピストがすべて臨床心理士のような心理臨床家を指すというものではありません。精神分析や精神分析的精神療法を実践する医師がその役割を担うこともあるからです。ここでは、私の経験をもとにしたことからまとめていますので、セラピスト＝臨床心理士であることをお断りしておきます。

　まず、A-T スプリットは、心理療法における治療構造の 1 つです。この治療構造について、この言葉を提唱した小此木啓吾を引用しながら妙木（2018）は、治療構造の 3 要素として次のように述べています。①治療者が意図的に設定するもの（治療設定）、②治療者の意図を越えて与えられたもの、つまり修正不能な枠組み、準拠枠、③治療経過中に自然に形成されるもの、つまり転移です。このうち、「準拠枠」は、各機関での物理的構造（多くの場合、面接室を設定することの困難さが浮上する）によるため、静穏で、守られた空間の確保をし、しかも安定的に維持していくためには、事務との連携は必須になります。「面接はどこでもやれるでしょう」とならない

工夫です。

　私の経験上も、「面接はどこでもできるでしょう」と言われ、部屋を転々とするということがありました。実際は医師との連携という前提に、医療機関の管理部門や看護師、事務室との連携で、治療構造の大切な要素である部屋を確保することになります。

　こうした地道な活動を進めることは、臨床心理士の専門性のアピールにとても重要と考えるのですが、狩野（2007）が記すように、「サイコロジストが、便利屋、何でも屋になっていないか？」という視点が重要なのです。医療機関において、多職種をつなぎ、協働を進めていく中で、何でも頼める存在ということが生じてこないかという疑問です。腰を低くしてかかわりつつ、しかし職責が全うできる専門性、臨床性、臨床力が必要です。あらためて、高野（2018）が精神分析に対して、精神分析的精神療法家の構えとして主張する「自負と慎みと」が、ここでの臨床心理士の在り方として、こころの中で反響します。

　外来であれ病棟であれ、心理療法を進めるためには、上記のように場所の確保が大切です。院内での啓蒙活動も必要と考えます。病棟の看護師やソーシャルワーカーはもちろんのこと、作業療法士、音楽療法士といったパラメディカルスタッフともクライエントをめぐるカンファレンスで同席できたら、より良いでしょう。なぜなら病棟のスケジュールは過密なことも多く、入浴時間や、レクリエーションの時間、ミーティングや作業療法などの時間が決まっています。心理療法の時間を入れることで、クライエントはそれらを抜けたり、遅れたりする可能性があるからです。

　心理療法が対話と傾聴を基本としながらも、治療の一翼を担う重要な時間であること、それが一定の時間、同じ場所で、同じ担当者で実施されること、それぞれの治療の見立てや治療目標によって、心理療法の役割や目的が異なることなどを伝えていくことが必要です。

　図1は、私が所属コースでのカンファレンスの素材として提示したものに、先述した2022年の日本精神分析学会第68回大会での医療問題委員会・臨床心理委員会合同企画シンポジウムの提言に際して髙橋（2019）の図にさらに加筆したものです。

　私が最初に病院臨床に携わったときには、指導的立場におられた臨床心理士の先生から、医局の先生方とできる限りコンタクトをとって、クライ

エントの心理療法を依頼されるようにした方がよいとアドヴァイスを受けました。そこで、私は自分の関心も含めて、積極的に先生方とコミュニケーションをとっていたのです。それゆえ、どうしても「主治医の言われることは絶対的だ」と思い込むことが多く、また次の依頼のためにも、「役に立つ臨床心理士でいたい」という意気込みが強くあったと思います。その気負いは今ようやくいくらか解消されてきましたが、図1の右側にあるような思いは拭いきれません。

　このように見直してみると、ようやく臨床心理士として個人心理療法、精神分析的心理（精神）療法の設定準備が整い、立ち上げ、セラピーを開始した後も、順調に進むことばかりではないようです。主治医（管理医）とセラピストとの関係は、本当に対等といえるのでしょうか。その関係性がセラピーに投影されると思われます。そこを丁寧に話題にできるように

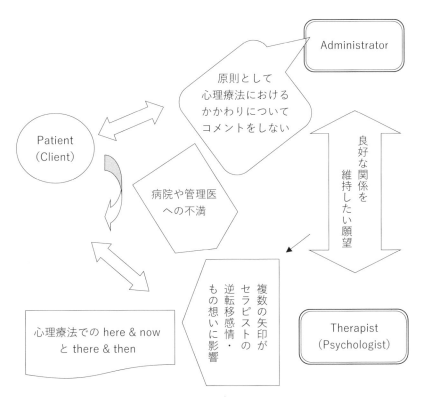

図1. A-Tスプリットにおける関係性の草案

したいものです。加えて、主治医（管理医）がセラピストについ苦言等を言いたくなってしまうこともあるでしょう。その逆も然りです。

　セラピストの訓練はどこまで経験を積んでも尽きることはありません。本書でも繰り返し主張しているところです。したがって臨床力、力量を上げていくことはチームで連携して治療に携わる際にも大切なことです。先述のA-Tスプリットの特集が組まれた『精神分析研究』に上別府は、「A-T collaboration」という考え方を提唱し、主治医と共に協働して治療にあたるという言葉を適切に表現しています（上別府, 2007）。他方、この対等な役割関係がエスカレートすると、主治医がセラピストのようにクライエントにかかわっていくなど、「境界」が不鮮明になる危惧もあります。それを避けるために、「A-T appropriative collaboration」という立ち位置が大切なのかもしれません。

　先の事例Aは、「ちゃんと主治医の先生と話し合っている？　ちゃんと話し合ってくれないと僕の治療はうまくいかないよ。頼むよ」と時折口にしていました。新たな対象としての主治医と私との関係が、そのまま彼の中の良き両親像として、内在化させたい気持ちがあったと思われます（高橋, 2003c）。

　しかし、パーソナリティ障害や神経症の問題を抱えるクライエントには、この2人の治療者は自分の両親像となり、性愛的な想いを抱く対象ともなりえるとともにそれを邪魔する対象にもなりえるため、エディプス葛藤の投影ともなりえます。そうした関係性の中で治療が進められるものの、「いまここで」の関係における解釈は、眼前のセラピスト（私）との関係を取り上げることが多いため、面接中に主治医との関係の投影と理解しながらも、それを返すことには逡巡し、介入は控える傾向があります。それでもほどなく、そこに三角関係も浮上してきて、私や主治医、そしてそれぞれとクライエントとの関係でもある様相が浮かび上がってくるのです。さらにそれを客観的に見ていくと、これまで反復されてきた両親との関係と理解が深まります。

　さらにより深く探っていけば、クライエントの母子関係が私との関係に投影されているというシンプルかつ重要な視点に立ち戻っていくのです。

（2）他領域における多職種連携で伝えること

学校現場で連携する

　私の所属コースには、多岐にわたる現場で他職種と共に活動する指導者が集っています。例えば、教育機関でのスクールカウンセラーとスクールソーシャルワーカー、担任教師、養護教諭、校長、教頭をはじめ複数スタッフが一生徒やその家族を巡ってかかわりをもつこととなります。私自身は、養護教諭の先生方と事例検討を行っていますが、やはり学校現場の多職種連携において、主軸となる先生がしっかりとした立ち位置をもって動かずにいることで、しだいに混乱が収まりスムーズな協働作業が展開されていくようです。

　ところが、この主軸となる先生の動かない態度というのは、とても難しいものです。頑固で融通が利かないというのは論外としても、多くの場合は、クライエントの特性として周りを動かそうとするものです。かかわっている者同士が疑心暗鬼になったり、相手のせいで物事が進まないと思ってしまったりするのです。

　そこで可能なら、スクールカウンセラーと養護教諭の先生との連携のもと、カンファレンスを実施することによって、守秘義務を守りながら問題を客観的に捉える機会をもつべきでしょう。その場合やはりセラピストは、共有できることとできないことがあるため、心理療法の特質も伝えて理解を得なくてはなりません。

学生相談臨床で連携する

　大学や専門学校での学生相談という教育現場の中においても、さまざまな連携が想定できます。私は、非常勤での学生相談カウンセラーにはじまり、次に専任教員として勤めた同一大学で兼担として学生相談に携わって、さらに学内の非常勤として大学内の施設で学生相談にかかわってきました。2つ目の大学では私以外にカウンセラーがおらず、それゆえさまざまな役割を担いながら教育にも携わることが求められましたが、幸いにも現在はほとんど見かけない形であると思います。最後は、大学内の学生相談や修学相談にかかわる専任のカウンセラー（教員）がいて、学内の専門家として非常勤で携わった経験です。

最初の非常勤でのかかわり方は、現在でも多くの大学や専門学校で、専任のカウンセラー（教員）がおらず、非常勤のみで対応しているところと同様です。この場合は、組織に対して、「心理療法の場所」や、学生のカリキュラムを考えた開室時間、学生相談の広告の仕方などを伝えていくことが必要になります。

　私は現在、この職種にかかわることがなくなってしまい残念に思っています。当時を思い返すと、さまざまな苦労がありました。しかしその多くは、この領域に限ったことではなく、さまざまな心理臨床実践現場で取り上げられる問題と考えています。特に「部屋問題」は、どの領域でもあることと体験から主張できます。しかし組織に要求を伝えていく際には、しっかりとした裏づけや経験知が必要になります。また、独走して周りとの協働が難しいカウンセラーと見られてしまうと、学生とのかかわりはうまく進みません。柔らかいながらも、揺らがない信念をもったこころが必要と考えます。

　これらのことは福祉領域において、公的機関が虐待案件での対応をされる際の多職種連携にも当てはまります。どこでも、どんなクライエントに対しても「適切な見立て」は重要です。クライエントの問題の性質や病態水準によっては、連携しているスタッフの関係が揺らぎ、混乱をひき起こすこともありえるからです。連携、協働の作業の中で起きてきている事態を理解し、「見立てていく」ことは、それぞれの専門性を活かした適切な対応を進めることになるでしょう。その上で、幅広い観点からコンサルテーションを受けたり、カンファレンスで意見交換が進められたりすることで、適切な支援が育まれると考えます。そしてその場においても、いかにして、何を「伝える」かは、とても大切なことなのです。

5　大切なことは最初の言葉にある

（1）クライエントの語りのはじまり

　さて、ここまでは個人心理療法内での「伝えること」から離れて、個人心理療法を立ち上げる際の構造確保のために、他職種に向けた「伝えるこ

と」を考えてきました。再び個人心理療法に戻って、クライエントの言葉とセラピストの言葉について再考してみます。

　心理療法では、はじめてのセッションではもちろんのこと、毎回のセッションで何から話されるかに注目します。なぜ、クライエントはここに来ることを決意したのだろう。そして、予約の日が訪れるまで、どのようなことを想って過ごしていたのだろう。また、継続面接が進められていけば、なぜ今日はこのことから話されるのだろうと、セラピストが思うようなこともあります。

　前田（2020）は、「一行目」の意義として、定期的に出版を重ねてこられたエッセイ集の中で、小説の一行目を集めた書籍の紹介からはじまり、文学にとどまらず、能楽、映画に至っても、はじまりの「ひとくだり」が大切な意味をもつことをあげています。そして、「私がこうして『初め』というものにこだわってきたのは、若い頃に受けた訓練分析の師、古澤平作先生の教えによるものである」として、古澤先生が話されたことを引用しています。古澤先生は「自由連想法のしゃべりはじめの言葉は、ちょうど圧縮された短い夢のようなもので、そのセッションでの後に続く過程を考える上で、非常に役立ちます」と述べられたそうです。最初に何を話すのかの重要性という意味では、精神分析に限ったことではなさそうであると前田もここで述べています。

　次章で述べる心理アセスメントにおいても、とりわけロールシャッハ法では、最初のカードに何を語るか、そこにはクライエントの全体像が圧縮されていると学び、私もそれを伝授しています。

（2）初回面接あるいはアセスメント面接ではじめて語る言葉

　心理療法のはじまりにおいて、クライエントは最初に何を語るのでしょうか。「今回のご相談は、どういうことでいらっしゃいましたか」との問いかけに対して、「先日〇〇〇〇ということがありまして、とてもショックで……」というような、急に発生した事態について語りはじめるクライエントがいるでしょう。「とても辛いことがあったんです。もともと親との間に〇〇〇〇という問題があって、今回特に不安になって……」とか、「就職を控えて、〇〇〇〇という性格を見直したいと思って……」など、

動機を語る場合も多々あるでしょう。

　そうした場合は、多くのセラピストが、その問題に対して当相談機関を選択した理由や、経緯などを確認しますし、しばらく経って思いきって来談した場合は、「今来ようと思ったのは、どうしてでしょうか」、あるいはこれでは答えにくそうな場合は、「今回来ようと思われたきっかけは何かありますか」と、より具体的に尋ねることで、話しやすくなるでしょう。

　このように、面接のはじまりは緊張に満ちています。そこには、クライエント自身に在る本当の自分のこころを理解してほしいという強い願望と同時に、「会ったばかりの他人であるあなたに決してわかりっこない、いや本当はわかってほしくない」という思いがさまざまな防衛をして、「ほんとうの理由」を伏せようとしていることもあるのです。そしてセラピストは出会ったばかりなのに、「本当はもっと別に困っている気持ちがあるでしょう」などと切り込むのは、クライエントにその後の来談動機を喪失させるばかりではなく、勇気を出して初回面接に訪れたことを心底後悔させてしまうことになるのです。

　しかしながら現実には、インテーク面接では多角的に尋ねなければならないと、焦ってあれこれ質問していくうちに、クライエントを追い込んでいっている場合もあるのです。

　私は、アセスメント面接は短い方がよいと思っていますが、次に述べるように重要なことは必ず再び訪れるので、そのときに大切と思ったことを深く聴いていきます。つまり「どうしてそんな気持ちになったのかについて、もう少し詳しくお話しいただけますか」というように尋ねることで、セラピストの専門性を活かして、クライエントをこの場が守られる場所であり、問題を聞き流される場所、安易に助言される場所ではないことを伝えていくことになると考えます。

　一方で「母が、○○○○について、相談した方がいいと言うので」という語りはじめが多いのも事実です。その場合は、ごく自然に「ところで、今のお話はお母さんからのこととして語られましたが、あなたご自身はいかがでしょうか」という形で、本人の意志を尋ねてみます。それはとても自然なことだと思うのですが、このことがとても確認しにくいクライエントに出会うこともあります。

　例えば、この「あなたはどう考えているのですか」という問いこそが、

クライエントの問題そのものである場合です。そこでセラピストは、この問いが自然に投げかけられないのはなぜだろうかと自問自答してみます。この風当たりの強さを感じるときには、このクライエント本人＝母親となっていて、その分離が大きな壁であり、眼前の語りはそれをほのめかす問題提起であったというわけです。

　こうして、いずれの場合にも「最初の言葉」の大切さを、私たちはクライエントから学びます。

（3）継続面接の中で語られる最初の言葉

　心理療法が続いていくと、面接のはじまりに「ご自由にどうぞ」とか、「さあはじめましょう」といった言葉かけに促されて、クライエントが語りはじめます。1週間の出来事を思い出しながら報告することからはじめるクライエントがいる一方で、まるで週に数回の連続した面接であるかのように、先週の面接で話したこと、言い忘れたことやセラピストが語ったことについて、どう考えたかを直接語り出すこともあります。これが自然となされるようになれば、心理療法をうまく活かして生きていけるクライエントであると考えます。しかし、なかなか本筋の話題に入れず、他事を語ることで、ウォーミングアップをしているかのような場合もあります。それは、とても緊張するようなことを話しはじめるのに、別の報告や話題が必要だったと理解できそうです。このような「一見すると本筋とはそれたように見える話」が続くとき、私はもちろんしばらく流れに任せているのですが、本人自ら大切な話がようやく出てきたと認め、それを私たちが共有できたタイミングで、このことを本当は最初に話したかった（あるいは話せなかった）と、はじめに抱いた想いを辿ってみています。

　そして、逆に、最初に話された「一見すると本筋とはそれたように見える話」の本当の意味、本当の大切さを考えてみます。すると、語りたかった話を覆い隠していたように見える最初の語りに込められた想いが共有できるのです。しかし、クライエント自身が、最初の話が示す本当の意味を「見たくない」場合は、私が最初の語りに留まりたいと思う気持ちとは裏腹に、別の話題へと連れていってしまいます。セッションが終わって、その大切なことを取り上げ損ねてしまったと思うとき、手元から大切なもの

がするりと抜け落ちた感じを抱きます。

　ある意味、精神分析的精神療法における抵抗を緩やかに、しかし逃さずに見つめていく作業ですが、これは支持的に会おうとしている場合にも、また提示されたプログラム通りに進まない行動療法の場合にも考えるヒントになると思います。

　さて、重篤な急性期症状に悩まされているクライエントが、一見支離滅裂に語る最初の言葉にも、重要な意味が込められていると感じています。あるクライエントは、いつも妄想的な発言で怒りを表出しています。しかし、ふと、「どうしてお父さんは○○なんだと思う？」と問うてきます。「そうですね。どうしてなんでしょう。気になりますね」と返すと、うーんと考えているように見えます。また、「先生は、この前○○って言ったよね」と唐突に話されるときもあります。「確かにそうです、何の話でしたでしょうね」と返しながら、本人にとっての意味を考えてみます。実はそこに聞き流せない、大切な意味が込められているのです。

　いずれの場合にも、私は、クライエントによって語られたセッションの最初の話を大切にしたいと思っています。本当はそれがうまく切り出せずにいた場合も含めて、話しはじめの内容に沿って、その面接の状況に応じて形を工夫しながら、クライエントに伝えてみたいと思います。

　本節のはじめに述べたように、アセスメント時の語りはもちろんのこと、心理検査における最初の言葉、とりわけロールシャッハ法のIカードでの反応の流れや描画法における最初の一筆など、緊張と不安を抱きながらもセラピストにわかってほしい気持ちを無意識的に表出する様子は、丁寧に理解していきたいところです。

6　家族理解を伝え家族とかかわる

（1）家族力動について

　家族とかかわる際に、何をどう伝えるかについて考えてみます。ここには、クライエント本人と直接面接する以上に難しい問題が潜んでいます。

　私が在籍していた大学では、当時の教育学部教育心理学コース3年生時

の後期に単独で研究を進め、論文にまとめる課題がありました。私は講義で聴いた家族関係論に関心をもっていたことから、こころの問題と家族関係に取り組みたいと思い文献検索をはじめたのですが、青年期のこころの問題と家族関係を調べていくと、事例研究や調査研究の結果として結ばれている家族の特徴は極めて断定的な見方をもったものでした。不登校の子どもの家族にはこれこれのタイプが多いとか、子どもが精神病にかかるのは母親にこうした特徴があるといったものです。学部生でありながら、私はとても疑問に思いました。

　つまり、その特徴が見出された家族に、そうしたこころの問題を呈する子どもが育つとはいいきれないでしょう。そして、それがわかったとして、セラピーはどうなるのだろうという疑問です。これは、1980年代前半のことです。日本の心理臨床の関心が多くのパーソナリティ障害に向けられていたさなか、同じように家族臨床にも注目が集まっていました。家族療法、Family as a wholeとして捉える考え方です。私は、家族を一方向的に捉えるのではなく、全体をまとまりとして捉え、いわゆる原因を1つにしない考え方に共感したことを思い出します。

　そのような家族療法の流れのもとに、精神力動論的視点がありました。現在の家族療法は、大きく流れを変化させてきており、精神分析的考え方とは方向性が異なることが主張されています。さらに、家族療法もさまざまな学派によって基本姿勢や考え方も異なります。そうした前提の上でですが、深津は、『家族心理学ハンドブック』において、「精神力動的観点」について次のようにまとめています。「①個人の言動の背景には本人自身が意識しない無意識的な動機付けや意図が関与している。②この無意識的な動機付けや意図は互いに葛藤し合っており、個人の言動はこの葛藤をめぐって、自我が調整し、妥協して表現したものである（妥協形成）。③このような心理過程は個人が生まれて以来、一貫した連続性をもってはたらき続けている（中略）。④個人の連続性だけではなく、常態と病態の連続性がある(中略。ここでは、例えばクライエントの適応的な側面にも注目できるということを例示している)。⑤この心理過程は個人の心と身体のバランスの維持（ホメオスタシス）の側面と環境や社会への適応に努める社会心理的側面がある」（深津, 2019）。

　こうした心理過程を想定して理解する精神力動的観点は、医学的な除外

診断と異なり、クライエントの病理的側面だけではなく、健康的な側面にも目を向ける心理アセスメントに役立ちうるといいます。これは、自我心理学の系譜を受け継ぐ重要な視点と考えられます。

　一方でこれは、Bionの述べる「精神病部分」と「非精神病部分」にも発展していく視点でもあります。そして、私たちが心理療法の見立てをする際に、問題となる点、病理的な側面のみに注目するのではなく、健康な側面や治療意欲とつながる側面を大切にすることに通じます。

　「日常臨床における力動的精神療法の意義」という『精神療法』の特集の中で西園は、「力動的精神療法は多く知られているように、精神分析療法の短縮版、ないしは応用版である」と述べています。加えて「精神分析療法なり、力動的精神療法なりそれらが他の精神療法と根本的に異なるところは、人のこころには無意識という領域があり、そこでの幻想、それは生活史上の挫折体験と関連して存在するものであり、それが治療関係（転移‐逆転移）の中に再現され、その解釈による洞察がこころの健康を回復するのに必要であるということである」とまとめています（西園, 2014）。

　同様の企画において成田（2014）では、力動的精神療法はどういうものかということについて、次の3点をあげています。「第一に、力動的精神療法は全ての人に無意識の精神生活が存在すると考えている（中略）。第二に、クライエントが現在どのような人であるかは持って生まれた資質ばかりではなく、それまでの生活史に大きく影響されている。力動的精神療法はクライエントが自らの歴史から学び、またそれを乗り越えられるように援助する。第三に、クライエントが治療者に向ける意識的、無意識的態度や感情に注目し、その由来と意味を探究し、それをクライエントが自己を知るために利用できるように援助する」。これらは、先の西園の定義の意味するところと同様の観点といえ、精神分析の導入まで至らずとも、それを日常的な精神療法にも応用して、クライエントの問題解決に活用することといえます。そして、そこには人としての治療者の存在が意味をなすのです。同時に成田が2つ目の特徴としてあげているように、人のパーソナリティ発達においては、遺伝や資質といった親からの一方向的なかかわりによって成り立つものではなく、親子関係や家族全体の問題、本人を取り巻く環境とのかかわりによって成り立っているものという視点が含まれています。

この精神力動論的観点を基礎とした家族力動という視点こそが、問題を呈するクライエント理解について、誰かのせい、何かの原因にしてリニアな形で一方的に理解することではない魅力的視点と私は思っていました。私たちの仕事は「精神力動論」に基づいていると考えてきたからです。

　中村（2014）では、「家族力動」について、「家族関係」を理解し、それと症状や問題行動との関連性を見出すことといいます。しかし、「家族力動」という言葉を、家族療法や家族心理学においてさえ昨今耳にしなくなったのは、システミックという用語を活発に利用する反面、ダイナミクスという言葉を利用しなくなったからではないかと述べます。それは、主としてミラノ派の家族療法家たちが、前者は円環的（循環的）因果律という理論が背景にあり、「ダイナミック」にはこれがなく、直線的因果律に近いニュアンスが含まれていると理解されているからではないかと提起しています。

　一方でMinuchinに代表される構造派の家族療法では、決して直線的因果律で来談家族の病因を探ろうとするものではなく、来談家族が家族史の中での影の側面を消化し、次世代への伝承を防ぐ努力をしていく道筋を治療過程で見出していくといいます。中村はこれらの流れを鑑みて、力動的家族理解について、システミックつまり円環的な家族関係性理解、力と距離を把握しようとする構造派の家族理解、そして家族をその歴史から理解しようとする視点が統合されたものとしています。

　それでも、米国を中心に症状を数え上げて多軸診断という形で明快に分類しようとする動きが活発になり、DSM診断が世界中で活用されるようになると、力動的な理解からほど遠いものになりました。私の関心から見ていくと、リニアな考え方から力動的、円環的な考え方に移行したものの、再び現在の成果主義によって、リニアな考え方が主流になっていないかとの懸念を抱かざるをえません。

　さて、こうして私自身は、上述の動機から1984年に発足した日本家族心理学会、日本家族研究・家族療法学会（現・日本家族療法学会）に入会し、問題を抱える家族へのアプローチや基礎研究に関して学んできました。しかし、私の臨床実践現場は、医療領域や学生相談領域であったため、家族全体を視野に入れてクライエントをIP（Identified Patient：患者とみなされる人）と捉える家族療法の考え方を参考にしながらも、一般臨床現場で家族

とかかわることを目指してきました。それは現在も同様で、医療現場でさまざまな家族との面接を実践し、そのアプローチの方法は、家族の問題によって異なります。その方法は、髙橋（2008）において提言したものをもとに、心理アセスメントの観点から、第2章にもまとめています。

　その見出しを再掲し、あらかじめ若干の補足をしておきます。

《1. クライエントの内的な家族関係の理解》

　これは、内的対象関係として、当然心理療法の中で取り扱っていくことになります。特に力動的心理療法においては、それが転移として治療者に向けられ、心理療法プロセスにおいてワークされていくことを目指します。したがって、個人心理療法として記していることにその内容が含まれます。

《2. 青年期までのクライエントと親、夫婦、子ども世代と老年期の親世代との併行面接》

　次章でも、アセスメントの観点から親子併行面接でのシェアリングの問題点に触れています。ここで補足しておきたいのは、クライエントの問題のレベルによる、セラピストを取り巻く治療環境へ及ぼす影響についてです。例えば、医療機関での主治医とセラピストとの関係に、そしてここで取り上げている親子併行面接での親担当、子担当の関係性に、クライエントが無意識的に「割って入る」、あるいは、自らの怒りや嫉妬を投影することがあります。それは、それぞれの担当者の問題と考える前に、担当しているクライエントの抱える問題についてしっかりと見直して、それについて話し合うことも必要と考えます。クライエントが自分のセラピスト以外の者に対して怒りを表出した際に、なぜそれを自分に伝えたいと思っているのか、そのことがこの治療全体にどのような影響を及ぼすのかを見直すことが必要で、それによって、クライエントに伝え返す言葉も工夫されるべきでしょう。

　子どもの問題で来談した親が、源家族との間で解消できなかった問題を持ち越していることに気づくこともあります。あくまでも子どもの問題を中心とした親面接で進めていくのか、親自身がクライエントなのかと迷うこともあるでしょう。親面接の中で当然のことながら、親自身の生育史や

その中で抱えてきた問題に触れていくこと、つまりその両者の統合を目指す面接が進められたらと考えます。

　帰省といった家族行事から語られる祖父母とクライエント本人との関係を聴きながら、それを子どもとしての親自身がどう体験し、自らの子ども時代を振り返ってどう考えるのかを返していきます。自ずと親面接の中でもセラピストに対しての転移が顕わになり、親自身の面接もより深いものへと展開していきます。しかし、私自身の経験としても、そのようなこころの作業に対して、強い抵抗に遭うことがあります。その際も丁寧に、親が自らの親からもらえなかった愛情を注ごうとしてきたのか、あるいは、同じことを反復しているのかといった視点をもって理解していきたいと思います。

　親子併行面接の場合、一見補佐的に見える家族担当の面接が、深く丁寧に進められていくことで、クライエントである子どもや配偶者、高齢者の面接も同様に進んでいくのです。子どもの問題をめぐって面接を継続している親面接では、回を重ねるごとに新たな発見が生まれ、セラピストである私自身が大きく「なるほど」とうなずくことがあります。

　1つの例をあげてみましょう。クライエント本人が、現代コミュニケーションツールとしてよく活用されている「LINE」で連絡すればいいのに、「電話をかけてくる」ことについて、両親が考えていました。なぜ、電話がいいのだろうと。そのとき私も含めた三者で、話し言葉と書き言葉の違いが見出されたのです。確かに「LINE」は、記録が残ります。メールも同様です。しかし、すぐに消えていってしまうはずの声での対応は、逆に辛い時期にクライエントのこころに響くのでしょう。それをこころの中で反芻して、急場をしのぐことができるのかもしれません。

　一見些細なことのように思われますが、その場面、その時期に大切なことを家族と共に考えていくことで、私自身もセラピストとしての学びにつながっています。

　それゆえに、クライエント本人の面接は週に1度であるのに、家族の面接の頻度はより低頻度で、月に1回程度という場合が多く見られますが、その意味や目的を精査していくべきでしょう。

《3. 個人療法を中心とした、家族同席面接の導入》

　クライエントのセラピーを精神分析的精神療法のように力動的アプローチで行っていく際には、基本的には家族には会いません。それは、管理医等、別の担当者に任せます。支持的心理療法や心理教育などといったアプローチの際には、柔軟かつ適切に導入することが必要でしょう。しかし、心理療法が進んでいるプロセスでの安易な構造の変化は、セラピーに良い影響をもたらしません。アセスメントの際に記したように、クライエントを取り巻く家族それぞれが問題を抱えている場合、面接の形態をどのようにするか、方針の入念な検討が必要です。

　私の体験で、相談機関で会っていたクライエントとの面接の終了時に、本人の希望で家族を同伴して来たということがありました。これは事前に伝えられたものではなく、突然でした。熟考の末に会うことを決めたのですが、そこで話された内容や家族と同席しているときの本人の様子を含めたその意味について、クライエント本人と、そしてセラピストである私自身の中で，何度も反芻しました（城野（高橋），1995他）。

　家族同席場面を設定した場合は、本人と家族それぞれにその場に持ち込まれた問題についての意見を求めます。そして、そのやりとりや考え方のズレや双方の意見について、通訳者のように伝えることはあるでしょうし、それに対してどう考えるかの意見を求めることもあるでしょう。しかし、どちらかの肩をもつ形でなく、「お子さんはこのように思っているのですが、理解していただけないでしょうか」といった代弁は避けます。すると、次の個人心理療法の場面において、当然クライエントからは、親同席の場面で自分の主張に賛同してくれなかった怒りが表出されるでしょう。そこで今一度、なぜ親も面接室に同席してほしかったのか、何を伝えることをサポートしてほしかったのかを確認し、同席面接時に湧き上がった情緒をしっかりと抱えて、再度転移関係の中で取り扱っていく構えが求められるのです。もちろんそうした怒りの表出はできずに、同席面接をしてよかったとだけ語られる場合も多く、そのように考えると、やはり同席面接をこの場面で導入してよいかどうか、熟考して決断すべきでしょう。

　これらを鑑みると、家族と本人との併行面接はとても効果的と誰もが考えます。しかし、それが仇にならない思慮が必要でしょう。両者がそれぞれのクライエントから受ける投影を丁寧に理解しなくてはなりません。そ

れぞれの見方が異なるのは当然です。どちらかが嘘をついている、誇張していると考えるのではなく、そうした見方をしている、そしてそこから理解していると考えます。

7 まとめ

　本章では、心理療法においてどう伝えていくか、ほんのイントロの部分を述べてきました。ここには記していないさらなる想いや、日々の面接でいく度も考え苦心していることは数多くあります。

　そして私は今もクライエントと共に、また問題を抱える家族と共に、心理臨床実践を進めていますし、日々の学びも続いています。それでその実践の許容範囲内でまとめてみました。

　この"心理療法において「伝える」こと"は、できればまだこれらの小見出しに従って考えている最中である「要旨」の段階とご理解いただけたらと思います。

第2章

心理アセスメントにおいて「伝える」こと
― 心理療法に活かすために ―

1 心理療法導入期におけるアセスメントの意義

　心理療法を進める上で、それがどの学派に依拠し、どういったアプローチをしていくにしても、「見立て」は十分になされなくてはなりません。

　ある医療機関において、かつて認知行動療法の専門家のアセスメントにロールシャッハ法を中心としたアプローチが活用されていました。それは、ロールシャッハ法を活用して、力動的に見立てていくチームによってなされていました。患者の見立てを適切に行って適切な治療に導くのは、我々こころの支援に携わる専門家の必須義務と私は思います。

　一方、アセスメントの技法を活用せずに、治療法だけを学んで来談者の多くに自らの所属スクールが得意とするアプローチのみを行っている機関があることも側聞しています。心理臨床の実践をしていくために学ぶ大学院生にとっては、どちらの機関が幅広く専門的知識を学べるかは、いうまでもありません。

　私は現在、精神分析的精神療法の適用が可能なクライエント・患者（以降、本章ではクライエントに統一）には、そうしたアプローチをしていきたいと思っています。しかし、実際は基本的な支持的心理療法を進めている面接を多く担当しています。本来であれば、何が最も良いかはクライエントが決定する権利があるのです。Coltartは、アセスメントの専門家であり、英国の訓練分析家である女性精神分析家でしたが、精神分析的精神療法の適用については極めて慎重に判断する精緻な基準を提案しました。その診断とアセスメントに関する論文に、明確に記述されています（Coltart, 1987）。

　「導入期におけるアセスメント」は、常にクライエントの益に資することを念頭に進めていくべきでしょう。「当然です」と多くの臨床家は主張します。「心理臨床実践に活かされない心理アセスメントなんてあるんでしょうか」と。それでは、どう活かされているといえるのでしょう。本章では、心理アセスメントの意義や、その際に使用される心理検査の意味について今一度見直して、その実践的活用について述べます。

　さて、心理検査の意味について、あらためて考えてみます。心理アセスメントの中でも特に心理検査を用いる際の、「第三者性」についてです。

この「第三者性」という言葉は、2021年日本心理臨床学会第39回大会で、オンラインによるミニレクチャーを企画して、西見奈子先生、佐々木大樹先生に登壇いただき、「コロナ禍における心理臨床のありかた」についての討論において、私が発言した言葉になります。私は、司会者役割でありましたが、この新型コロナウイルスが、「私とあなたの間に立ちはだかる未知なる第三者性」という意味を帯びていると伝えたのです。日本におけるこのコロナ禍は、特に2020年度から2021年度にかけては、罹患した者が感染させてしまうリスクに怯える、つまり加害者意識を賦活させるがゆえに、行動制限を自らに課すことで乗り切ろうとしていたことに注目しました。これはのちに所属講座（コース）紀要にまとめています（髙橋, 2021b）。

その後、心理アセスメントの研修会をはじめてオンラインで開催するとなった際の講義において、この第三者性についての気づきから、心理アセスメントに心理検査が介在する意味を考えるに至りました。導入期に実施する心理アセスメントは、アセスメント面接、導入面接、あるいはインテーク面接といった、少しずつその様相は異なるものの、はじめての来談の緊張を越えて、クライエントが当該施設の担当者と出会う体験からはじまります。その会話の様子、振る舞いの観察、アイコンタクト等々、担当者とクライエント間にある二者関係から理解をしていきます。

この面接の担当者が継続面接の担当者と異なる場合などの課題は、別途検討が必要なためここでは割愛しますが、そこに心理検査が導入される場合を想定してみます。すると、はじめての出会いとかかわりから信頼関係の構築がはじまって間もない頃に、媒介する道具がやってくるのです。これは、正解があるものから、正解はなくてこころの深層を追求されるイメージを抱くものまで多種にわたります。

それはとりもなおさず、第三者性をもつといえるのではないかと思うのです。私とあなたとの間にある第三者性ですが、コロナ禍のように、2人の関係を阻止するものとは異なるとセラピスト（検査者）側は思っています。しかし、クライエントは、「こうして面接で話しているだけではいけないの？」とか、「これだけではわからないでしょう。だから、ちゃんと検査してください」という想いまでさまざまと考えられます。

つまり、心理検査を施行する場合に、心理アセスメントに心理検査が介

在する意味を施行者が熟考している必要があるのです。それゆえ、導入時の心理検査についての説明と検査後のフィードバックが必要なのです。

　この伝え方の工夫は、心理検査実施の手続きの習得よりもはるかに難しいといえます。そして、そこに心理臨床家の力量が問われるといっても過言ではありません。これらの一連の所作について、私たちには、訓練が必要なのです。

　このことを念頭に置きながら、本章と第5章では、心理検査を含む心理アセスメントについてまとめてみます。

2 心理アセスメントの実施

(1) アセスメント面接とテストバッテリーを組んだ心理検査

　心理臨床実践現場では、こころの支援のはじまりにおいて、「見立て」の作業が必須です。そこには大切な受理面接（インテーク）からアセスメント面接といわれる導入期の作業があります。その「見立て」の作業において重要なのは、クライエントの病態水準の理解と同時に、生育歴を踏まえたパーソナリティの特徴、家族関係理解です。

　私自身の心理臨床活動においても、いかに家族を理解し、クライエントや家族の支援や治療にそれをつなげていくかという点に着目をしています。臨床実践現場のカンファレンスにおいては、心理アセスメントの結果も、医師の投薬も含めその後の治療方針に活かされるように検討されることが多く見られます。それらの作業に力を添えるのは、心理検査です。

　現代では、すっかり心理臨床家にとってなじみのある言葉となった「テストバッテリー」という用語は、自我心理学の専門家であり臨床心理士でもあったRapaportによって提唱され、精神病理を診断するスキルを広めたといわれています（妙木, 2010）。さらにその重心を支える機能を果たすのが、ロールシャッハ法ともいえます。馬場（1997）は、投映法に映し出されるこころのレベルを考えて、投映水準という視点を提唱します。ロールシャッハ法は、より深く構造化されていない検査ツールといえます。

　私は馬場禮子先生との交流の中で、描画法がこの投映水準の表に出てい

ないことを直接尋ね、私からバウムテストは最も深いレベルにあるように思えることを伝えて議論しました。おそらく描画法は、その目的、描画対象によって投映水準が一様ではないのでしょう。私がよく用いる家族画、特に線や丸といった表現ではない具体性をもった家族の形が表現される動的家族画といったものは、最も意識化された形で表現されると思われます。すなわち文章完成法（SCT）と同じような水準であり、より意識に近いレベルの自我の強さをはかっているといえます。風景構成法は、家や人や田んぼといったアイテムからクライエント（被検者）が、彼らのこころにあるこれらのイメージを探索していると無意識に近いところで気づくでしょうから、バウムテストとの中間に位置づけられるように考えます。それは家や人、木が出てくるというところではHTP（House-Tree-Person Test）と同じ水準であると思います。しかし、「実のなる木を1本描いてください」あるいは「木を1本描いてください」というのは、何をはかっているのかクライエントにはわからないし、解釈もとても流動的で臨床力が必要です。そうした意味でも投映水準が深いと考えるのです。

　加えて現代では、コミュニケーション障害による発達障害を抱えた、あるいはパーソナリティ障害を抱えながら発達の問題を重複して抱えたクライエントの特性を理解するための知能検査（発達検査）も、テストバッテリーに加えられます。単体としての心理検査からだけでは、総合的な人のこころの理解は極めて困難です。時には、治療の都合上、単体の心理検査と導入面接（アセスメント面接）のみで、心理療法が開始される場合もあります。しかし、医療機関において慎重に治療方針を立てて、外来か入院か、そして投薬や心理療法、作業療法など進めていく際には、導入期の心理アセスメントにおけるテストバッテリーは重要になるのです。いかにしてテストバッテリーを組むことが必要か、その判断材料として、最初の検査や面接を導入したときに発せられるクライエントの声も頼りになります。

　私の臨床経験から例示してみます。「うつ状態」との診断を受けて他院からの紹介によって入院された成人の患者とのアセスメントです。まず描画法、SCTを実施後、「うつ状態」ではないこと、「先生と話していることで気分が良くなる」という躁的な発言から、即時医師への報告を行い、抗うつ薬の調整をされた経験があります（髙橋・長崎, 2009）。印象的だったのは、WAISの導入に際しては、本人の状態から慎重にすべきと判断して、

まずは認知機能の低下を疑い「ベントン視覚記銘力検査」を実施したところ、「これは得意ですねぇ」と満面の笑みを見せたことです。ここからこの患者が、認知機能の衰えどころかむしろ能力が高く、しかし発達の偏りがあり、それが成人期になって危機的な体験をするまでは露呈せずに生きてくることができたことを伝えてくれたと思いました。1つひとつの検査の状況を見ながら、通常の施行順序とは異なる形で心理検査の導入をしていったのです。

　医療機関等でテストバッテリーを組んで心理アセスメントを実施していく際には、通常施行者に対するさまざまな想いや投映が起きにくい知能検査などの心理検査から順に実施していくといわれています。しかし、このような手順で実施することで、投映法の実施の際、「正解が求められている」とクライエントが思いがちになります。とりわけ、型にはまった考え方をしがちであったり、要求水準が高かったりするクライエントは、そうした考えが先行しやすいのかもしれません。心理アセスメント導入時のラポール面接やそのときの様子から、「決まった順序ではない」施行順序を考えていくことも必要になり、そのことからアセスメントがはじまっているのです。ここでもしも検査者とセラピストが同一の場合は、正解のある検査が最後になることで、セラピストに評価されているという気持ちが強くなるのはいうまでもありません。

　そこで検査導入のラポール面接において、何をすべきなのか考えてみます。『ロールシャッハ法解説─名古屋大学式技法─』2018年度版では、「実施前の留意点」として、(1999年度版以前は「rapport」として)「検査者の不安や緊張を解き、被検者が自由にありのままに話すことができるような雰囲気をつくる。被検者との間に望ましい人間関係をつくることが実り多い検査結果を生む重要な要因である」と記されています。初対面でありながら、これまで親族にも話したことのないようなこころの内を見せていくクライエントの不安はいかばかりかと推察できます。それゆえ、この実施前の短時間の面接、または検査のための事前面接から心理アセスメントがスタートするという感覚を大切にして、臨みたいものです。

　図2に示したように、心理検査を順次実施していくことで、検査者とクライエント（被検者）の関係も深まっていきます。それは、必ずしも良好な関係とはいえず、「まだ検査をするのですか？（こころを覗くのですか？）」

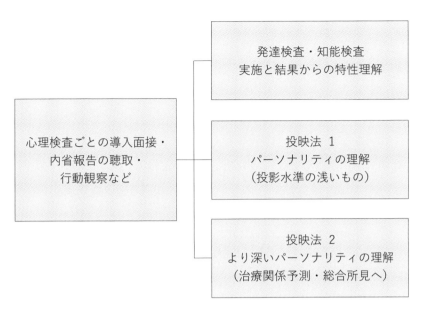

図2. 心理検査導入時のテストバッテリーの組み方とその施行順序例

「絵は，前にも描きましたけど……」といったような暴かれる不安が強く現れることもあります。

　そして、おそらくは「検査者側が」導入しやすいという理由からでしょう、「バウムテスト」のような描画法から実施される場合が少なくないのです。しかし、ここは再考の余地があります。私の経験では、ロールシャッハ法において、10枚のカードに1個の反応も出せなかったクライエントはいませんが、描画法実施の際、およそ30分間描いては消すを繰り返し、結局白紙になってしまった患者がいます。「何かを見て反応すること」よりも「創造性をもってこころを表出すること」の難しさの現れといえましょう。

（2）心理アセスメントにおいて「聴くこと」

　「伝えること」の前提として、心理アセスメントには当然アセスメント面接も含まれ、導入面接あるいはインテーク面接といった場合にも「聴くこと」は、大変重要です。ここでは、心理検査を用いた心理アセスメント

時の「聴くこと」について触れてみます。

　どのような検査を用いた場合にも、導入の際の緊張感、不安感と、実施後の感想などは聴くべきです。そして心理検査実施の際にも、さまざまな声を聴くことが求められます。それは検査課題とは異なるつぶやきかもしれないし、「関係ないですが……」と語られる内容かもしれません。例えば、ロールシャッハ法における自由反応段階では、検査者に対する警戒心と語りの内容は、すべてクライエント（被検者）に委ねられているために、反応内容のみを発することが少なくありません。

　一方、質疑段階になって検査者との交流がはじまると、本人の反応内容にかかわるストーリーが語られます。それを丁寧に記録しておくことが、本人理解への手掛かりになります。質疑段階ではじめて出された反応であっても、「付加反応」として処理するだけではなく、そこに現れたこころの声をしっかり読み解くことが必要になります。

　さらに同一カード内でのこころの揺れ動きを見ていきます。つまり、1つのカードの中で、形態水準の悪い反応と比較的まとまりのある反応が交叉する場合があります。カードを見たショックから、こころに抱えていることができず、思わずカラーの印象を語る場合もあるでしょう。しかし、後半には、まとまりをもった反応形成が現れる、あるいは逆にしだいに崩れていく場合もあります。のちに詳述しますが、カードを超えて揺さぶられ、立ち直りを繰り返していきますので、そうした流れを丁寧に「見ていく」こと、繰り返し語られる言葉を聴いていくことが必要です。つまり反応内容だけにとらわれず、反応生成過程を「聴いていく」ことが大切と思います。

　そしてすべての反応を終えた後のイメージカード選択でも、もちろんそこに現れた本人の自己評価、家族イメージについて、聴く機会になります。

　私は、描画法においても、描かれたものを共に視ることとその語りを聴くことが、描画を丁寧に読む姿勢になると考えています。PDIといわれる、いわゆる描画後の質疑段階も描画段階と同じ価値をもつのです。

(3) 家族関係理解のアセスメント

　私は、クライエントの病態水準を見極めることの大切さとともに、丁寧

に家族関係理解を進めていくことが可能であり、その結果は実践現場でも家族面接や家族へのスタッフの対応にも有効であると考えています（髙橋, 2012）。ここではその重要な要素部分のみまとめて見直します。

　心理療法の開始時における心理アセスメントでは、家族との関係性について、いかにして何を理解すべきでしょうか、そして何を見ようとしているのでしょうか。本人からの訴えによって理解される家族の様相は、家族相互関係ではなく、本人における理解になります。同時に母親から聴取したクライエント像は、あくまでも母親の理解（認知）ということになります。よって、心理検査を用いて家族画などから理解するのも、一方向的といえましょう。風景構成法でのPDI、文章完成法（SCT）、ロールシャッハ法のイメージカードやTATなども、実施した対象者の内的な家族のイメージといえるのです。

　本人から捉えた家族イメージ、関係性の理解のためにも、テストバッテリーによって多層的に理解することが重要なのはいうまでもありません。例えばTATでは、多くの図版がクライエントの内的な家族イメージを投映します。物語の中に現れた家族関係を丁寧に読み解くことで、他の検査とのバッテリーとしても有効になります。それでも私の経験から、精神病圏の患者においては物語を作ることが難しく、ある程度の自我レベルがある場合に有効と考えます。夫婦などのカウンセリングではそれぞれに実施することは可能でしょうけれど、合同での実施は慎重にすべきと考えます。これは、TATの投映水準によるところが大きいのです。

　風景構成法では、それぞれの構成物のイメージ、例えば山の高さ、大地や田の様相、人間と家との関係、人間同士の関係などから読み解くことができます。家族画では、文字通り、家族を描写してもらうことから、本人の家族に対するイメージや想いを理解します。どのようなシーンを選択し、いかにして描き進めていたか、描写後の印象などの共有も大切な作業といえましょう。

　文章完成法（SCT）は、クライエントによってほぼ意識的に記載された内容から理解していきます。検査の導入語にあるように母や父との関係、青年期の世代であれば、将来の家族イメージ。親世代に記載してもらえば、現在の家族のイメージと源家族のイメージとの比較や内在化などについて理解可能で、三世代にわたる家族の問題理解にも有効だと思います。

私は、クライエント理解において、現代における家族による問題、例えば虐待の問題であっても、親世代のまた上の世代、つまり三世代の流れを理解する必要があると考えています。

　さて、ロールシャッハ法から理解する家族関係はどのようになるでしょうか。好き嫌いカードとともに家族イメージカードは検査終了後に聴くため、少し防衛が緩んだ状態で回答してくれます。両親のイメージや配偶者のイメージ、子どものイメージを理解する重要な作業です。

　しかし分析の際には、カードのもともとあるイメージに固執してしまうと眼前の本人イメージを理解できなくなります。例えば、Ⅳカードは父親カードといわれているから、そこに現れた反応こそが父親のイメージ、といった具合です。クライエントがどのカードを選択するか、そこに現れた反応と、それに伴う感情はどのようなものであるかについては、個々に異なっています。私は、選択されたカードに付与された感情に注目します（私が活用している「名古屋大学式ロールシャッハ技法」では、感情カテゴリーや思考・言語カテゴリーがあり、そこに注目しやすいのも特徴的です）。選択理由と自由反応段階でのイメージが大幅に異なる場合もあり、その差異から、さらに理解が進むのです。同じロールシャッハ法の無意識レベルの中でも投映される水準が微妙に異なるのです。

　好き嫌いカードについても、同様のことが起こります。自由反応段階では語られなかった「怖さ」や「気持ち悪さ」が、選択理由となると、何の抵抗もなく語られることもあります。こうなると、自己イメージカードと他のイメージカードとの関係や、自己イメージカードに選択されたカードの反応内容や付与された感情も興味深くなります。そして、ロールシャッハ法に現れた本人の対人関係の在り方は、内的な対象関係ともつながるのです。

　また、これらをどのようにテスターに語っていくかについては、その後の治療関係をも示唆します。これは、自由反応段階から選択していたわけではなく、質疑段階を経て、限界検査の折に語ってくれることだからです。セラピー上で、セラピストに語っていく流れ（表出の順序とでもいいましょうか）を想起させるところでしょう。

　私のかつての実践研究課題であった家族同席の場面で実施されるロールシャッハ法を家族（合同）ロールシャッハ法、家族以外のメンバーも考慮

して同席場面で反応を話し合うロールシャッハ法をConsensus Rorschach法と呼びます。私は、これによって家族相互のコミュニケーションについて理解するアプローチを行ってきましたが、その際に、家族成員それぞれに個人ロールシャッハ法を実施し、その後、本法を実施しました。これによって、そこで得られた理解を伝えるフィードバックは、本人だけではなく家族のメンバーにもなされる必要があります。フィードバックは、個別に話すことを希望される場合と同席を希望される場合があり、それらの要望と治療的意義を考慮すべきでしょう。

　さて、前述のイメージカードを選択した理由と、当該の反応を見ていくと、ある矛盾に出会います。後半の所見やフィードバックについての節で詳述するところと重なりますが、ここでも少し触れておきます。

　例えば、ロールシャッハ法の父親イメージカードをめぐる理解において、Ⅴカードを父親カードと選択した場合を想定しましょう。理由には「包み込むような大きな羽」と答えつつも、当該カードの反応が、部分反応としての「気持ち悪い虫」や「コウモリの角（実際には角はありませんが、角という場合があります）」であったりします。それで単純に「内的には、気持ち悪く恐ろしいと思っている」と考えてしまいがちかもしれません。しかし、このクライエントが、なぜ自由反応段階でそのように反応されたのか、質疑段階での検査者とのコミュニケーションや、限界検査の状況について丁寧に見直すことで、情緒の揺れ動きや父親への想いを理解できます。つまり、最後になって、本人から見た理想の父親が表出されることもあるでしょうし、とてもいやだった父親の一面が語られているかもしれません。投映された反応内容との二面性はとても重要な理解の鍵になるのです。

　「どちらかが事実で、どちらかは虚偽でしょうか」と尋ねる若手のセラピストもいますが、私から伝えたいのは、どちらも「真実」、こころの真実であるということです。我々の仕事は「真相を暴く」ことではなく、「深層を理解する」ことであることを忘れてはならないと思っています。

　さらに複雑なのは、一見治療意欲の高そうなクライエントであっても、「そう簡単に理解されたり、治されたりしたくない」という想いもあるからなのです。特に、家族関係に関しては、より一層の用心深さが現れます。「両親には、カウンセリングに来ていることは話したくありません」

「私のことを相談しているのですから、母は関係ないでしょう」と語るクライエントのこころの内には、アセスメントの段階で容易に踏み込めるものではありません。ただ、なぜそう言われるのでしょうと確認しておくことは、その後、心理療法場面で取り扱う布石になります。

3 家族とのかかわり方とその導入 （心理アセスメントを中心に）

　現代において、子どもの発達の問題や、夫婦の問題、高齢者支援について家族の問題はより一層重要性を増してきています。したがって、心理アセスメントの実施では、「誰のためのアセスメントか」「誰にフィードバックするのか」ということを念頭に進めていかなくてはなりません。ここでも、「誰に何を伝えるべきか」の熟考が求められます。クライエントのこころの支援が目的であるはずが、アセスメントの段階において、彼らのこころの傷つきになっているかもしれないからです。家族理解のためのアセスメントを終えて理解し、フィードバックする際の問題について以下にまとめました。前章でも、髙橋（2008）をもとにして、心理療法での現れとして示していますが、ここではアセスメントの観点から、同様の見出しでまとめておきます。

（1）クライエントの内的な家族関係の理解

　一般的な個人心理療法では、臨床心理士や精神科医師であるセラピストは、クライエントの面接が進むと家族と直接のかかわりはもちません。しかしクライエントとの心理療法、とりわけ導入段階においては、内的な対象関係や現実の家族との問題、家族(親)の抱えている問題と本人の問題との関係についても理解を進めることが肝要となります。それは、精神力動的な面接において、「転移」を理解するために、クライエントの内的な対象関係を見立てておく必要があるからです。このことは、行動療法のように現在の問題となる事態の改善に主軸を置いたセラピーである場合を除けば、支持的な心理療法であれ、ユング的な心理療法であれ、もちろん精神

分析的精神療法では、極めて重要な視点となるのです。

「内的な対象関係」といえば、特に精神分析的理解が強調されがちですが、クライエントの対人関係の在り方を理解するのは、相談機関や医療機関、教育機関などにおける心理療法での作業として、一般的に行われているものといえます。

繰り返しますが、この場合は、主として本人の心理アセスメントから理解する本人にとっての家族関係を理解しているという原則を忘れないようにしなければなりません。直接家族に会ってみると、セラピストの抱いていた印象とは大きく異なることもあるからです。

(2) 青年期までのクライエントと親、夫婦、子ども世代と老年期の親世代との併行面接

多くの相談機関、特に臨床心理士養成大学院等の心理教育相談室で行われている親子併行面接を行う際に、「『親としての心理教育面接』であるか?」、「『親自身の心理療法』を行うのか?」、「こんなことを面接で取り扱ってよいのでしょうか?」と、悩む若手の方々から疑問を呈されます。子どもの問題で「子どもの付き添いとして」来談した親自身は、悩みがないといえるのでしょうか。親自身の生育歴から現在の子育てまでの流れを聴いていくうちに、その親が抱える問題が子に投影されて主訴となっていることもあります。導入期のアセスメントとそのフィードバックで、親と担当セラピストが、子どもの問題を挟みながら、親自身がより自由に、そして家族全体の幸せを考えられるように支援していく流れにできれば、「親としての心理教育面接」も「親自身の心理療法」と統合できるのではないでしょうか。

ところが、セラピーに参加するという意味で、強い抵抗を抱く家族がいます。例えば、あくまでも本人が問題で、私はその被害を被っているのであるとの訴えをもつ場合を考えてみます。家族の一協力者としてセラピストは手を結ぶのか、家族が一見、本人を悪者、迷惑な者として理解していないと言いながら、協力を拒否する難しさがあります。数回の面接を越えて、家族の協力が本人のより良い生活を送るための支援につながればと思うわけです。

一方、連れて来られたクライエント本人よりも、明らかに同行した親や家族にこころの深い問題が潜んでいる場合もあります。これは、クライエントとして訪れた子どもや家族の陰に隠れるようにして、最も相談したい相手が来談したと考えてもよいのです。用心しなくてはならないのは、それをアセスメントの段階で直接伝えると大きな抵抗に遭うことです。セラピストの内に留め、丁寧に心理療法の方針を共有しながら、親、家族として現れた「クライエント」と握手ができるようにしていくことが大切でしょう。そのためにもアセスメントはあるのです。

　併行面接では、常々いわれている通り、本人面接および家族面接でのそれぞれの情報や問題の保持と、共有をめぐって注意を要します。思春期以降のクライエントは、セラピストに話したことが、家族担当のセラピストに「筒抜け」になっているのではないか、私だけのセラピストではないのではないかといった疑念を抱きやすいのです。初回面接の際に担当者は、クライエントの許可なく家族には話さない、「ここだけの話」ができることを固く約束する必要があります。

　注意点としては、親子併行面接などの際に行われる、面接後のシェアリングといわれることです。これも重要な「伝えること」あるいは「伝え合うこと」といえるでしょう。いえ「伝えないこと」ともいえるかもしれません。私はスーパーヴィジョンをしながら、不用意にこれを行っているセラピストたちに対して、慎重になるように伝えています。本来自分が抱えているべき重要な秘密を協働で行うセラピストに共有してほしいという内的な欲求で話すことは治療的意味をもたないからです。併行面接を行う上で、緊急的に情報共有をしておかなくてはいけない問題に絞ってシェアをするということ、あるいは併行面接であるがゆえに生じる面接開始時、終了時の時間や場所の設定などといった問題に絞り、話し合い、協働作業を行っていくべきでしょう。

　これらの前提から、家族のアセスメントがどういう目的で行われるのかについて、十分な検討が必要と考えます。2019年度に私が大会長を務めた日本ロールシャッハ学会第23回大会テーマとしてあげた「世代と領域が織りなす心理アセスメント」において、シンポジウム「ライフステージを臨床的に理解するアセスメント」を実施した内容を書籍にまとめました（髙橋, 2021a）。

このシンポジウムは、ただ単に各発達段階についての特徴をまとめて発表したものではありません。例えば子どもの問題で相談室を訪れた親と子がいます。子どもにどういった問題があるかについて、心理アセスメントが行われます。すると、同伴してきた保護者として親はその結果を「聞く権利がある」と思っているし、セラピスト側も、治療協力者として伝える義務を感じているでしょう。

しかし、そのそれぞれの発達ステージでの課題があるのです。Eriksonの有名なライフサイクルの階段図を想起すれば容易に理解できるでしょう。親世代にも発達課題はあるのです。ところが「子どもの問題で来談」という場合、いったんそれは脇に置かれます。子どもの問題だけに注視されてしまうのです。親の側からしたら、「せっかくここまで丁寧に子育てをしてきたのに、どうしてうちの子が？」さらには、「通常の学級に入れないの？」といった落胆もあるかもしれません。子どものアセスメントこそ適切に行われるべきで、子どもに適した教育を受けるのが望ましいと、親の心中は穏やかではありません。親への伝達、また担当教員への伝達、その結果どのような大人たちの対応が子どもを守ることができるのか、傷つけるのか、そこまで考えてフィードバックするには、どのような工夫が必要でしょうか。

とりわけ老年期の問題は、三世代にわたるかかわりをもつことがあります。老親の介護をする母とその娘といった具合です。長寿命になり、元気な高齢者がいることは私たちにとって大きな支えです。その一方で、老老介護という言葉も耳にするようになり、共倒れしてしまう危機感もそこにはあります。これも、あるライフステージを単独で考えることのできない問題でしょう。高齢者の問題を抱えた家族に、どのようにアセスメントの結果を伝えるか、熟慮が求められます。このシンポジウムでは、これらの疑問について、それぞれのライフステージの絡みをシンポジストの先生方に提言していただき、討論いただきました。そしてそれをもとに、他世代とのかかわりをも含んだフィードバックや心理療法への導入について、上述の書籍にまとめています。

（3）個人療法を中心とした、家族同席面接の導入

これは、クライエントに対する心理療法を実践しながら、家族全体の

中でのクライエントの位置づけを理解し、本人の要望や面接の進行状況によって適切と判断されたときに家族との面接を導入するものなので、危機介入的と考えられます。前章でも述べた通り、医療機関では本人の管理医によってなされることが多く、本人の担当者はそこに関与しないという原則があります。家族療法が家族全体の機能などを含めて家族全員が短期間で問題解決にあたるのと、様相が異なります。しかし、それを求めてくるクライエントとその家族との関係性についてアセスメントをすることは、その後のセラピーの展開に重要な示唆を与えてくれます。

　ここで、冒頭にあげた第三者性について図示したものが、図3、ここまで述べてきた家族関係理解のアセスメントに当てはめてみると、次の図4のようになります。

　家族関係理解について、最後に1つ添えておきたいと思います。

　あるドラマを見ていてふと目にした『ねじれた家』というアガサ・クリスティの小説です（Christie, 1949）。実は私が、書籍『心の臨床・その実践』において、第5章「家族とかかわるということ」を執筆した際に、冒頭にあげた一節が『ねじれた家』からの引用でした。それは、登場人物が自分の家族について、ひとりひとりではまっすぐ立っていられない、それぞれが、曲がったり絡み合ったりして、"ねじれた家"に一緒に住んでいると表現しているところです。当時も今もそうですが、問題を抱える青年の家族とかかわる中で、彼らが「それぞれがつるのように絡み合って生きている」様を感じます。不思議な形でバランスがとれていますが、そうして過ごすことに息苦しく問題を感じたクライエントが、それをなんとかしようともがいています（髙橋, 1999）。

　おそらく私たちが出会い、かかわる彼らの多くが、心理療法によって自らの生き方を見直して、その曲がった姿勢や寄りかかった身体を自らで立って歩いていこうとするのですが、すぐに不思議な力で戻されてしまうようです。私たちの心理療法を通した営みは、おそらくその反復について、粘り強くクライエントと共に考えていくことにあるのでしょう。家族それぞれが自らの足で立ち、健全な形で支え合っていくために、彼らは闘い続けているように感じます。

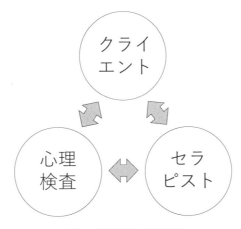

図3. 心理検査の第三者性

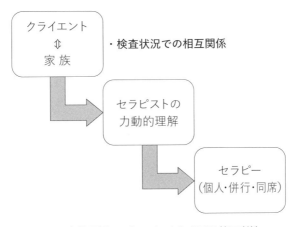

・検査状況での相互関係

図4. 家族関係のアセスメントにおける第三者性

4 依頼者に対する心理アセスメントのフィードバック

(1) 心理アセスメントの結果からセラピーへ

　本節では、医療機関、司法矯正機関、教育機関等において依頼者に理解してもらえるフィードバックの仕方や、クライエント本人に伝える意義に

ついて検討します。

　私は、多岐にわたる治療的アプローチを行っている医療機関で活動をしていますので、心理検査の依頼について、「治療方針の補助として」という目的に加え、「心理療法が有効であるかどうか」「精神分析的なアプローチに適しているかどうか」、判断を求められる場合があります。特に洞察や内省能力、抵抗の諸相、防衛機制も含めた心的機制の在りようや治療関係予測など、治療状況で現れるであろうさまざまな可能性を考えて所見をまとめるようにしています。

　それは、熱心に力動的アプローチを学んでいる若手の臨床心理士にさらに精選された力をもって受け継がれ、依頼に応えた所見が導き出され、信頼関係を構築しています。とりわけ医療機関においては、こうした働きがチーム医療における信頼関係にも展開し、心理アセスメント（心理検査法）への関心をもたれ、カンファレンスには必須の要素となっています。そして当然のごとく、そのような心理アセスメントのスキルを発揮できている臨床心理士らは、心理療法の依頼も多数受けており、臨床力を伸ばしています。そうしてそれらの心理療法経験の積み重ねは、再び心理アセスメントにおけるスキルアップとしても還元されていくのです。

　つまり、心理アセスメントにおける行動観察や導入面接において、クライエントを適切に理解する力、より無意識的なレベルまで丁寧に把握していくために投映法を読み解く力は、臨床力に直結すると考えているし、それをフィードバックする行為そのものが、極めて治療的であると思っています。しかし、馬場（2006）も述べるように、投映法ははたして客観的な心理検査法といえるのかという疑義がもたらされる側面もあります。こころを病む個人のパーソナリティの特徴にはそれぞれ固有のものが潜んでおり、それらを理解していくためには、それらを立体的に把握できることが必要でしょう。

　Rorschachが重視したように、「知覚実験」としての反応の説明における適切さを含め、統計的な基準となるものが必要なのは当然の前提です。しかしそこだけに留まって、パーソナリティの質に目を向けた分析がないままでは治療的、実践的ではないように思われます。治療的に重要な視点が、精神分析からもたらされた指標であり、理解の道筋と考えます。そしてその知見は再度治療場面、精神分析や精神分析的精神療法に活かされて

いくという循環となります。

　このようにパーソナリティを多角的に理解することは、現代における複雑な対人関係において、より深い悩みや問題を抱えたクライエントにかかわる上で特に必要な視点であると考えます。心理アセスメントから理解したクライエント理解が治療に活かされ、そのセラピープロセスが、本人の理解につながっていくといった循環が生まれます。これらの循環がクライエントのために活用されて治癒に結びついていくことから、現在心理臨床においても重視されているエビデンスが、高められるといえるのではないでしょうか。

（2）フィードバックの目的を明確にする

　依頼に対して所見と提出は、当然のこととなりますが、一体そのフィードバックの目的は何でしょうか。それはクライエントにとって、今後の治療や教育の方針を的確に立てていくためでしょう。まず、心理アセスメント自体がクライエントらのためのものでなくてはなりません。所見やフィードバックは施行者の知識を披露する場面ではなく、依頼者やクライエント（本人）に理解されやすい書き方をしていることが第一になります。それは当然でしょうと心理臨床家の皆様も思われるでしょう。しかし実際は、他職種には通じない言葉や記号が散見される所見があります。また、発達検査や知能検査において、数値やグラフだけが示されていて、そこにショートコメントとして、結果からわかることが記載されている例もあります。多くの依頼を受けて実施することが大変な業務になっているため、ある種のテンプレートに記載して渡すことをルーティン化せざるをえないという声も聞こえてきます。そうした事情からか、専門的な訓練を受けないまま、現場の要請に従って短期の研修を受けただけで知能検査の実施をしている場合があることも側聞しました。この結果が、そのまま現場での支援に反映できるのかということには甚だ疑問が残ります。その場合は、結果として導き出されたIQや、質問紙を用いたパーソナリティ検査では、当然のごとく、「タイプ・型」とショートコメントのみの所見になってしまうのです。

　そうした実態を聞くと、心理臨床家としての専門性を考えてみる必要が

あると思わざるをえません。それは、「検査の実施手順」にとどまらない、導入からフィードバックまでの一連の所作を含めた技術を指します。そして、心理臨床実践現場での活動を行う以上、継続的に研鑽を積む必要があるのです。

そこで、あらためて問いたいと思います。

実施前、最も適したアセスメントの手順を検討しているでしょうか。テストバッテリーをどう組むか、熟考しているでしょうか。心理検査実施の際、検査に対する応答以外のクライエントの発した言葉や検査を受ける態度は、丁寧に記載されているでしょうか。テストバッテリーを組んだ場合や、アセスメント面接を行った場合、その順番も結果に大きく影響を及ぼします。実施したときの状況から施行者がどう考え、どの順番に実施していったのかについても記載が必要です。これは、いわば検査者の体験に基づく実施記録です。ここにも留意すべき点があります。詳細は第3章で述べていきますが、何をどう書き記す必要があるかを考えるのも、臨床のこころの涵養になっていくでしょう。つまり、その記録をすべてクライエントの前で記載する必要があるのかということです。カンファレンス等での発表やスーパーヴィジョンの場で、ふと思い出すこともあるのです。それは検査者がもっている視点によって、思い出すことと、そうでなく彼方に行っていることとがあるようです。

こうしてすべての情報を総合して心理アセスメントの結果が導き出され、その中から、依頼目的に従いながらクライエントにとって重要な視点をもとにまとめ上げられるのです。

(3) 心理アセスメントの目的は病理を暴くことではなく、より深い理解から治療・教育可能性を提示していくこと

2021年度日本ロールシャッハ学会第25回大会の折に、「心理アセスメントの新たな学びと伝承」として、教育講演をさせていただきました（髙橋, 2022b）。その際の準備として、私は、Rorschachの『精神診断学』とともに、あらためて河合隼雄先生の博士学位論文のまとめでもある『臨床場面におけるロールシャッハ法』（河合, 1969）を読み直してみました。教育講演の記録を要約した上記の小論を引用しながら、ここにあらためてまとめ

てみます。

　1921年、およそ100年前に『精神診断学』を著したRorschachは、スイスの精神分析家（自我心理学）の主要メンバーであり、それゆえ解釈の方法全体は、精神分析的理解に基づくものです。『精神診断学』のⅤ「形態解釈実験の実践的・診断的利用」において、特に、12「強迫神経症」大学生の症例においては、「5ヵ月の精神分析治療の後の再テスト結果」を掲載しています（Rorschach, 1921, 1972　鈴木訳, 1998）。これは極めて貴重な「効果研究」といえましょう。しかし、当時の精神分析における歴史的経緯も影響しているのでしょうか。Rorschachが「知覚実験」としているように、はじまりはprojection概念とは結びついていなかったようです。内容よりも知覚重視と主張されています。奇しくも、Freudによって『自我とエス』が世に出たのは、Rorschachが逝去した翌年の1923年でした。しかしこの「知覚」重視のロールシャッハ法は、その後、Rapaport、Schaferらの貢献により、projectionという概念の導入と、ロールシャッハ法による解釈という知見が広まっていきました。米国での精神分析、精神分析的精神療法にとどまらず、幅広い治療に活発に活用されていた時代につながります。

　ところが米国で1940年代Rogersによって創始された来談者中心療法においては、心理検査に批判的であり、診断に基づいて巧みで操作的な治療をするのは、「姑息で、皮相的な」ものであるとの指摘があったようです。最も治療的なことは、来談者自身が「認知の変換を経験する」ことであり、「知的な知識はこの代わりとなるものではない」という強い批判を投げかけたのです。

　河合（1969）によれば、これは日本人の美徳とする「謙虚さ」に大きく響き、拡がったと理解できるといいます。「診断」か、「診断は無用」か。ここで河合は、投映法は「外的な見方と内的な見方の接点にあるものとして、複雑な性格をもち、それがゆえに心理療法の場面にも有効性をもつと思われる」としています。

　現代でも、心理アセスメントに関しては、心理療法が進んでいくうちに理解していくもので、導入期にクライエントの様相を決めつけるべきではないという意見もあるようです。しかし、心理アセスメントは、断定して、病気のレッテル貼りをするものではありません。むしろ、そうした最

初の「見立て」は、心理療法の進行とともに適切に修正されることこそ必要なのでしょう。

　一方で、闇雲にひたすら「傾聴」をしていくことが、クライエントの問題解決に展開するわけでもありません。医療機関で適切な投薬を受けることや、画像診断が必要な場合などを見極めることも必要です。まずは興奮を収めてから、ゆっくりと心理療法に導入することが求められるクライエントもいるのです。

　病態水準やパーソナリティ、発達特性を理解しないままに、セラピストの経験だけに頼ってセラピーを進めていくことこそが、危険をはらんでいるといえましょう。

　このような心理アセスメントに対する無用論には、心理アセスメント自体が病理を暴き、問題のみを列挙するという所見があるためとも思われます。発達特性やパーソナリティの特性は、クライエントの問題行動理解に必要ですが、そこにとどまらず、それらを補うべく働く機能を見出し、治療可能性、教育によって伸ばす力を見出すことも重要です。私たちはかつて、ロールシャッハ法・名古屋大学式技法の「思考・言語カテゴリー」にあるいくつかの指標について、治療可能性を見極める重要な視点として発表しました（森田他, 2001; 森田・髙橋靖恵・髙橋昇他, 2010）。さらに、名古屋大学式技法のマニュアルにも、仮想事例に基づいて分析からフィードバックについて実践編にまとめています（名古屋ロールシャッハ研究会, 2018）。

　つまり、問題理解とともに治療・教育可能性を見出すという目的の「両輪」があってはじめて、治療や支援に活かされる適切な所見といえるのです。

（4）投映法をもとに治療関係予測を考える

　投映法に注目して、さらに心理アセスメントで起きた事柄から、その後のセラピー場面で生じると予測される治療関係について理解を深めてみます。

　これまで述べてきたように、クライエントのパーソナリティ理解は、入念に行うことが求められます。そしてそれは投映法によって、より深い理解が得られます。Rorschach が精神分析家であったことは先述の通りで

す。その創始者であるFreudは、無意識を発見し、自由連想を開発してきました。前田（2008）の明快な解説にあるように、Freudは、欲動の抑圧、不安や葛藤の防衛を考えてきたのです。そこで行われてきた治療は、欲動論を基盤として、クライエントに現れた抵抗を解釈していくプロセスになります。そうして幼児期体験を再構成して、自我の洞察を得させ、自我機能の回復を目指し、適応的な生き方へ導くのです。それでFreudはこの際の治療者について、極めて中立的で患者（被分析者）のこころを映し出すものでなくてはならないと考えていました。つまり一者心理学的な態度です。

　しかし、その後Kleinを中心として、早期の母子関係を重視した外的な対人関係ではなく、空想において現れる「内的な対象」関係の理解によって、精神分析を進めていく、対象関係論が台頭してきました。つまり二者心理学への移行です。これによって、我が国でも1980年代より活発に議論されてきたパーソナリティ障害を抱える人々との治療に、これらの考えが適用されるに至ったのです。

　もともと自我心理学をベースとして開発されたロールシャッハ法では、自由反応段階は、まさしくBlank Screenといわれるような、すべてクライエントの思う通りにという教示が重視されています。少なくとも、力動的な視点をもった施行法では、クライエントからの質問があった場合にも「ご自由にどうぞ」と答えるようにいわれています。それが、質疑段階になると、検査者から「どこがどんなふうに見えたかを教えてください」となるわけで、反応の「明確化」が促されていきます。例えば、「なぜ女性に見えたのでしょう」「なんとなくこのへんのギザギザとは？」といったような質問がされていきます。すると、クライエントには、枠組みの中で質問をされているという感覚とともに、より深く自分のことを理解されているという感覚も生まれます。もちろん表裏一体の感覚として、深く「暴かれている」感覚もです。

　検査の導入時には、「一体何をされるんだろう」「この人は、何を知りたいんだろう」という、不安にあふれた感覚から、検査者に対してさまざまな情緒が反応とともに投映されていくと考えられるのです。

　私は、この段階から次の「限界吟味」段階になっていくに従って、Blank Screen としてではない検査者が現れ、二者の関係性が顕わになっ

てくると考えます。つまり検査者－クライエント関係がクライエントの内的な対象関係の映し出しとして現れてきますから、ここに治療関係が予測できると考えられるのです。目の前の対象が動き出し、自分とかかわりをもっていくプロセスと思えます。同時に検査者の方も、「どれくらい時間がかかるだろうか」「こういった尋ね方で、明確になっていくだろうか」「この人は、これだけ運動反応が多いということは……」といった「見立て」がはじまっています。それらのかかわり合いについて、クライエントが空想したり、対人関係のスタイルによって振る舞ったりする様子も、検査状況に現れるというわけです。

　検査後にあらためて量的分析や継起分析をしていきながら所見をまとめていくのですが、実はこの検査時にも見立てははじまっているのです。こうして双方にとって、目の前の図版をもとにした情緒的な交流が見えない形で動いています。そこに現れた関係性からも、治療関係予測としての理解に展開できると考えます。

　私の実践経験から例示をしてみます。

　「これは、とても珍しい昆虫です。XXという島にのみ生息していると言われています。特に、ここが特徴的で……」と、ディテールにわたって解説が続きます。しかし、施行者にあまり意識が向けられていないようです。そこに、私（クライエント）の見たものを「わかってほしい」感覚が伝わってきません。

　「これは、とても珍しい動物ですね。おそらくZZの地方で生息しているもので、○○の系統のものと理解できます。先生は、これをご存じですか？」と、同じくディテールにわたっての解説が続くが、そこにはどうしても、自分が特別な存在であるという主張が顔を出してきます。そして、ここで検査を受けている側と施行している側の立場の逆転を狙っている感じさえしてきます。「あなたに私の気持ちがわかるのでしょうか？」というようにもうかがえます。

　森田他（2010）に掲載したいくつかの事例から、ここではプライバシー保護の観点から雰囲気以外は改変していますが、2つのタイプの青年についてあげてみました。これらから、心理療法導入後の展開が予測できそう

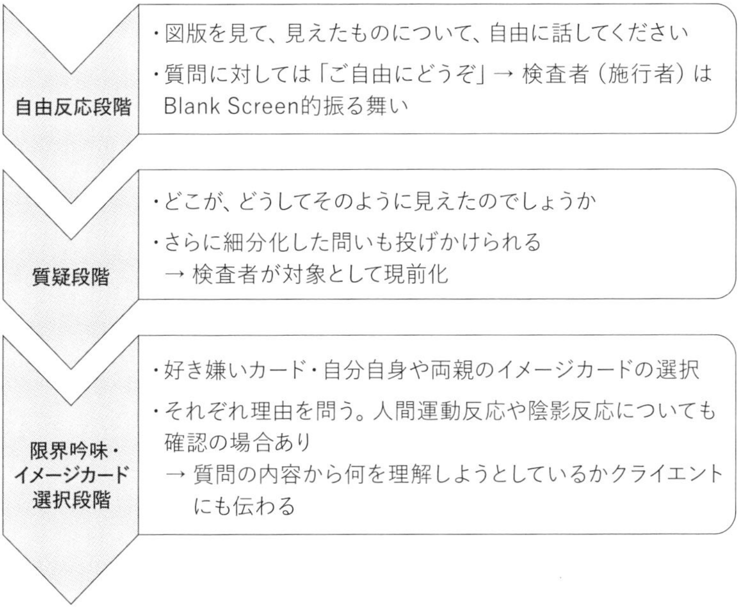

自由反応段階	・図版を見て、見えたものについて、自由に話してください ・質問に対しては「ご自由にどうぞ」→ 検査者（施行者）は Blank Screen的振る舞い
質疑段階	・どこが、どうしてそのように見えたのでしょうか ・さらに細分化した問いも投げかけられる 　→ 検査者が対象として現前化
限界吟味・ イメージカード 選択段階	・好き嫌いカード・自分自身や両親のイメージカードの選択 ・それぞれ理由を問う。人間運動反応や陰影反応についても確認の場合あり 　→ 質問の内容から何を理解しようとしているかクライエントにも伝わる

図5．ロールシャッハ法における施行者とクライエントとの関係・深まり

です。前者の青年に対しては、心理教育的なアプローチからはじめていくことになります。加えて、彼を取り囲む社会が、いかに自分の特性を理解してくれないかについての嘆きや悔しさをしっかり理解する他者になる必要があるでしょう。後者の青年に対しては、おそらく検査者に向けられた競争意識が、この後の治療関係に現れてくると予測できます。彼よりも上か下か、そうした形で対象を見ていくというわけです。この感覚から自己愛の傷つきに注意が必要になり、丁寧にその無意識に触れていくセラピーが求められると考えます。

　こうして投映法は、そこにいる施行者と対象者の関係性をも反映されます。私は、これらの関係性について、検査時のやりとりや思考言語カテゴリーに現れた特徴とともにまとめるようにしています。それを、パーソナリティ特性として理解した内容とともに、所見に記すのです。さらに心理療法の種類にも触れることができます。

　このステップをまとめると図5のようになります。

　加えて、すべての実施が終わった後の、イメージカード段階について、

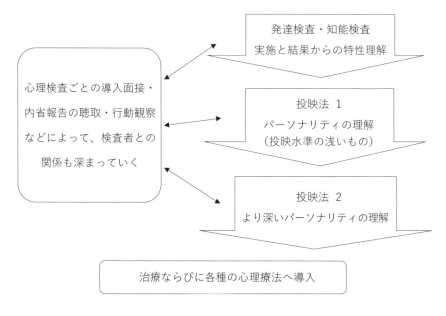

図6. テストバッテリーによる検査関係の深まり

ロールシャッハ法の第3プロセスとして意味を見出した石井の論考は、私の見解をさらに後押ししてくれるものと思います（石井, 2020）。

　これらのステップは、テストバッテリーによって、多層的な理解に展開します（図6）。一般的な施行手順として、知能や発達の水準を理解した後に投映法を実施する場合、上記のロールシャッハ法の流れに加えて、描画法のPDIにより、さらに治療関係予測にも深まりが出てきます。上記のように心理アセスメントが単体で行われるものではなく、バッテリーを組んで実施されるため、その都度の導入面接や終了後の内省報告に基づくやりとり、そしてクライエントに対する観察から、しだいに関係が深まっていくともいえます。これらを総合して、治療関係予測までを所見を通して、伝えていきます。するとこの所見は、医療機関で主治医と共に心理療法の導入を考える際に有効な意義をもちます。パーソナリティの特徴、とりわけ家族関係をはじめとした対人関係のスタイルといった問題、多角的に捉えた心理学的診断を含む見立てと同時に、心理療法場面で展開すると予測できる治療関係について、理解を共有できるのです。

5 クライエントに対する心理アセスメントのフィードバック

（1）本人へのフィードバックの道筋

　心理アセスメントの実施後、クライエント本人へのフィードバックによって、治療への導入がうまくいくかどうかの決め手になります。このことについては、常に専門家の研究会や研修会で、議論してきています。私もまだ学びの途中ではありますが、これまで考えてきた知見をまとめます。

　質問紙によるチェックでは、本人が意識できている部分を回答しているため、それに伴って判別されたタイプや特性についてフィードバックが可能でしょう。それは例えば、TEGであったり、カットオフポイントが規定されているチェックリストの類いであったりします。しかし、本書で主に取り上げている投映法は、こころの深い部分、無意識までを理解しようとするので、本人が認識できていないレベルに触れています。そのためフィードバックでは、それをどこまで伝えていくのかが難しく、訓練が必要です。一連のテストバッテリーを実施した場合、何から取り上げて、フィードバックセッションをしていくのがよいのでしょうか。これが、その後はじまる心理臨床的実践におけるアプローチの違いになるかもしれません。

　先に髙橋（2011）で、心理臨床実践活動において実施していることとして取り上げたものを、ここにさらに詳述します。

　私のフィードバックは、心理検査時におけるクライエントの内省報告からはじまります。検査当日の、実施後の感想からすでに始まっているのです。検査の経験の有無をあらためて聞きます。かつて何かの検査を受けたことがあったとしても、どのようなものであったかを忘れていることがあるからです。体験してみると、これはかつて受けたことがあると報告されることもあります。それを受けて、前回と今回受けた感じの違いなどを尋ねていくと、クライエント自身が、その場で言葉にできなくても、心の中でそのときと今回の緊張や防衛について理解が深まります。検査者（セラピスト）相互の理解を深めていくステップとしては、バウムテストや風

景構成法を実施した際に、描画後のPDIも終えてから、クライエントと自分の中間ほどのところに手を伸ばして2人で共に眺められるようにします。バウムテストの二枚法※の場合は、その2枚を並べて眺めます。そして「今描いていただいたものを、あらためてご覧になって、いかがでしょうか？」、バウムテストの二枚法の場合は「今描いていただいた2枚の絵です。どちらがお好きですか？」といった具合に尋ねます。好きな方の絵やそれぞれの印象を尋ねるうちに、クライエント自ら、「これではちょっと立っているのが辛そうですね」「実が枝よりも大きいみたい」「根がやたら張っていますね」というようなことが語られます。

次に「どうしていくとよさそうですか？」と尋ねてみます。すると、「もう少し幹が太くなるように、枝に栄養がいくようにした方がいいかもしれません」ということが語られるのです。このような印象を話し合って、当該検査の感想（内省報告）を尋ねて終了です。その後、「他の検査と総合して、後日あらためて結果についてお話ししましょう」とフィードバックの設定をします。こうした「共に在る」フィードバックを検査終了時のわずかな時間にでも導入しておくことで、「フィードバックセッション」が、一方的に何かを宣告される怖いものではなくなるのです。

この感覚、つまり検査は一方的にされるものではなく、クライエントが自らの理解を促進するものというのを大切にしていくのが前提です。そして全検査を終えて、クライエントに対する心理検査後のフィードバック面接での私のアプローチは、本人がまったく予想もしないような視点を投げかけるのではなく、同様に一連の検査の感想を聴きます。

当然のことですが、2人が出会うまでまったく知らなかった相手に、誰にも知られたくないこころの中を見せたのです。クライエントの疲労も、緊張も大きなものがあったはずです。それらがどういうものであったか、これまで味わったことのないものや、これまで何度も親に訴えてきたのに結局わかってもらえなかったことの繰り返しが想起されるなどといった気持ちも、ここで確認していく必要があると考えているのです。

次に、実施の際にいくらか触れ合った感触がある描画法などを、本人

※ 1枚は枠付け、もう1枚は枠無しという場合もありますし、単純に2枚の描写を実施する場合もあります。

のイメージを大切にして共に味わいながら、再び眺めることからはじめます。実施後にも行った場合は2度目になるのですが、この在りようはまさしく北山のいう「共視」と考えています（北山, 2005）。自分自身のこころの深いところを見るのはとても怖いことで未知のことですが、共に見てくれる他者がいるのはこころ強いものとなります。それでもやはり、「実は見られたくない」という気持ちは併存しています。

　次にSCTや知能検査、発達検査など、自らのパフォーマンスが自覚できるものからの理解を伝えます。SCTでは、気になったところについて、質問をしてみることもあります。上述のように私は、フィードバック面接も一方的な「結果の伝達」に終わらないようにするのが大切と思うのです。機関によっては、誰かが（主治医の場合が多い）自分のまとめた所見を「代読」されることがあるようですが、何とか依頼者に検査者の意向を伝えて、フィードバック面接で伝えたいものです。

　最後にロールシャッハ法など、より投映水準の深いものからの理解として、クライエント自身が困っていたり、何となく気づいていたり、気づかされていたりしたことに触れてみます。この「本人がうすうす気づいていたことに触れる」のは、実は最も慎重に、そして注意が必要と考えています。より深い理解を伝え、その後の治療に向けて話し合っていく道筋になるようにしないと、二度と会いたくない人になってしまうからです。

　フィードバック面接では、クライエントの抱えている問題の解決のために治療への信頼関係の構築と、必要ならば心理療法への導きを行うときもあります。もちろんこれらは、心理アセスメントの所見を依頼者に提出後、誰に、何のために、どのようなフィードバックを行うのが望ましいかを協議した上で行われます。特に司法矯正や教育機関では、本人が問題解決を求めていない場合などもあるからです。

（2）家族へのフィードバックについて

　児童期の子どもの問題で来談した保護者がフィードバックを求めてきた場合は、どうするのでしょうか。夫婦での来談はどうでしょうか。親の介護のために訪れた子どもへのフィードバックなど、複雑な状況も含めて慎重な検討が必要です。

髙橋昇（2021）では、子ども目線でこの在りようについて詳述しており、「子どもは取り囲まれている」というキーワードをもとに、実践経験からの知見をまとめています。つまり、子ども自らが「自分は心理療法を受けたい」とは言いません。親や学校の教師らに促されてやってきます。その場合、子どもはどう受け取っているかに常に気を配る必要があるというのです。

　考えてみれば当たり前のことなのですが、私は実は配偶者や老親であっても同様の視点が必要と考えています。「クライエント」が「連れてこられた」ことで、「私が何か悪いことをしたの？」と考えてしまうかもしれません。先の髙橋昇も述べているように、フィードバックする相手のアセスメントはとても重要になってくると考えます。このように考えてくると、家族にアセスメントの結果を伝えることは、最も難しいのかもしれません。可能な限り本人の了解の上で、本人自身や彼らの問題について、家族の適切な理解を促すフィードバックにしたいものです。そのためには、先述の問題や病理を理解するだけのアセスメントではなく、支援や治療可能性を大切にした結果が必要になります。

（3）再び……アセスメントの目的は病理を暴くことではなく、より深い理解から治療・教育可能性を提示していくこと

　心理アセスメントのフィードバックについて考えていくと、先に依頼者へのフィードバックで取り上げた、「問題となることのみを取り上げるのではなく、治療・教育可能性を伝える」ということは、本人へのフィードバックにおいても大切なテーマとなります。おそらく知能検査や発達検査において、当該年齢水準の発達をクリアできていないことが問題視されがちですが、得意なことや苦手なことをカバーできることがあるかを見出していくのは、心理臨床家であれば当然のことでしょう。それを本人やその家族に向けても伝えられることが、その後の治療や教育可能性につながっていくと考えます。

　ロールシャッハ法においては、カードごとにどのようなショックを受け、どう立ち直ってしのいでいくかも注目します。急性症状が大きく出ているクライエントに対しては、可能な限り今は刺激を受けないように、病

棟での静穏な生活が大切ですと伝えるでしょう。

　一方で、パーソナリティ障害を抱えるクライエント、あるいは神経症水準のクライエントには、刺激に対して衝動的な行為で反応してしまいがちなこと、それを治めるためにどのような方略があるのかという点も、仮説として伝えることができるのです。

　例えばロールシャッハ法のⅣカードは、陰影の強いカードで輪郭も曖昧です。しかしⅤカードは輪郭がくっきりしていて、陰影もⅣカードに比べると強くはありません。そのⅤカードを全体として捉えることで、恐ろしいものにたじろいでいたⅣカードから少し立ち直ることができるのです。

　ここで仮説と記したのは、そこに現れた反応から理解できることはもう少し複雑で、Ⅴカードでの視点の移動から立ち直ったのか、Ⅳカードの威嚇してくる相手を急に見下すことで凌いだのかは、その後の心理療法でしだいに明確になっていくかもしれないからです。しかし、カードが10枚あって、その反応継起を見ていくことで、クライエントのこころの動きは丁寧に読み取ることができます。

　馬場（1995）では、「被検者の体験過程、葛藤解決過程、表象形成過程を、ロールシャッハ反応の変遷過程の中で捉えることによって、動的なパーソナリティ理解をしようとするのが継起分析である」と述べています。私は、継列（継起）分析の活用から、葛藤の受け止め、揺らぎと立ち直りを理解していき、本人のこころの力の理解にもつなげたいと考えています。先述したようにそのプロセスは、心理療法でのプロセスと重ねることで、セラピスト側にはより深い理解につながります。

　もう1つのフィードバックの視点として、質疑段階を終えてイメージカード選択段階におけるクライエントの発言を取り上げることがあります。名古屋大学式技法では、好き、嫌いカード、母親イメージカード、父親イメージカード、自己イメージカードなどを尋ね、理由なども語ってもらいます。石井（2020）では、このイメージカード選択段階は、自由反応段階から質疑段階を経て、より検査者との関係の深まりをもって体験される重要なステップと主張しています。ここで回答された選択カードやその理由は、クライエント本人が意識化して話している内容でもあり、フィードバックでも取り上げやすいと考えます。苦手なもの、怖いもの、そして不安なものもそこには含まれていますが、上記の「暴くだけのものではな

い」という視点から、どう伝えていくかの熟慮が求められます。

6 まとめ

　本章を結ぶにあたって、冒頭に取り上げた心理検査の「第三者性」について、再考してみましょう。心理検査の「第三者性」を活かして実践するには、もう1つ心理検査の「つなぐ役割」を意識すべきと思うのです。

　「つなぐ役割」とは、まずクライエントと心理療法（治療）、医療機関であれば医師とクライエントでも考えられます。心理アセスメントを実施する心理臨床家は、その実施を通して、クライエントに対して理解したことを、不確かでわからないところも含めて誠実に依頼者に伝え、詳述してきたような工夫をしながら本人に伝えます。それが、上記のつなぐ役割と思っています。クライエントについて、多層的理解をするためにテストバッテリーを組みます。そこに活用された検査それぞれの意味を考える力、使いこなす力を常に磨き上げ、実践する力の研鑽を積む必要があります。1枚の絵の描写を依頼する、そこに投映されたものを理解する、描かれた絵を見て「何を思ったか」を問いかける……その応答の在り方や感情の付与を理解していく臨床力と、臨床のこころが重要と思います。

　このように考えてみますと、テストバッテリーの組み方や施行順、そこに積み上がるセラピスト（検査者）との関係性を見ていく力も必要と考えます。多くの場合、最後に施行されるロールシャッハ法の実施と解釈において、最終段階のイメージカード選択には、それらの関係性も反映するとみてよいでしょう。

　繰り返しになりますが、そこで明示された選択理由と当該カードの反応とのすり合わせが重要なポイントになります。類似した例を別の観点から見てみましょう。カードⅢにおいて、母親カードを選択した理由としては「料理を作ってくれるから」と言うも、実際の自由反応段階では、2人の女性の協力的な姿の背後に、メラメラと炎が揺らめいて見えると語ったり、別の反応で全体として獲物を狙うカマキリの顔と見たりすることがあります。その場合、即座に「実際は怖いお母さんと思っているに違いない」と解釈してしまうのは、やや短絡的です。

特に投映法においては、検査とクライエント（被検者）の間の検査者の存在を見ておかなくてはなりません。ここにおいても、検査者というカードとクライエントの間に存在する者が立ちはだかる恐怖、覗かれる不安が、母親のイメージとともに検査者に向けて投影されている可能性もあります。また、これまでの検査全体への不安反応ともいえるのですから、総合的に理解していくべきでしょう。逆に、しだいに挑戦的な語りが顕著になっていく場合もあるのです。

　そうしてこれらの精査は総合的に解釈され、その後の心理療法での関係予測にもなります。そこまで検査所見に記載して依頼者と共有できることは、治療方針設定の際に有益になります。本人のフィードバックでは、これまでの生活における対人関係のもち方において、検査者が感じたクライエントの対人関係の特徴について伝えてみて、クライエント自身の経験と照らし合わせて考えられるかどうかをうかがいます。さらに精神分析的精神療法の導入に際しては、上述のさまざまな関係理解を検討した上で、今のクライエントのために最も有効と考える検査者への転移感情の解釈を伝えてみて、その反応を理解するところまでアセスメントとする場合もあります。

　いずれの場合でも、心理アセスメントの使命は、クライエントに益することにあります。実施する検査は最小限にとどめ、検査者はフィードバックでの冗長な表現や不用意な発言は控え、そのセッションそのものが治療として共有されるようにこころがけます。クライエントが自らのより深い理解へと進む援助の一歩となるような「伝え方」の工夫を必要とします。

第3章

心理臨床実践の記録について

1 記録は誰のために必要か

　心理療法や心理アセスメントに必須である「記録」については、私自身の実践現場によって工夫を重ね、さらにその経験を踏まえて心理臨床の教育において取り上げてきました。私自身がさまざまな実践活動の中で、試行錯誤の末に今に至っています。本書を読まれている心理臨床家の皆様は、いかがでしょうか。私の所属している大学院のコースではときどき話題になりますが、近年の心理臨床関連学会大会では、このテーマでの検討はあまり目にしていません。読者の皆様にとって考えていただく機会になればと思います。

　私たちの使う「記録」は、そのプロセスをこころに留め置いておくこと、「書き印すこと」ともいえます。心理臨床実践の記録はなぜ必要なのでしょうか。現実的に、医療機関や教育機関での活動報告として「実施した証拠を残すため」ということはもちろんあります。それとは別に、心理療法のプロセスノートといわれるものは、「カルテ」とは違います。誰かに見せるためのものではありません。心理アセスメントでのそれも、分析結果として提出するものではない、個々の検査の折に感じたことやクライエントがつぶやいたことなど、セラピスト（検査の場合は施行者）にとって重要と考えられる言葉が記録に残されます。すると、この記録は誰に伝えるものなのでしょうか。そうしたことも考えながら、心理アセスメントや心理療法の記録について、本章にまとめます。

2 心理アセスメントでの記録

　私は、心理アセスメント時における記録と心理療法における面接記録（プロセスノート）に、大きな違いはないと考えています。実践活動の記録は、細大漏らさず体験したことを残すことに努めたいと考えます。大きな違いは、その場での記録と面接後の記録にあると思います。

　次節で述べる「心理療法でのプロセスノート」について、特筆すべきことは、私は、現在、面接中には一切のメモを取らないということです。

しかし、心理検査においては、そういうわけにはいきません。質問紙法では、クライエントにチェックを入れてもらいますが、導入の際の様子、検査後の感想などは、クライエントのいる場面で簡単なメモを記載します。

　投映法においても同様です。ロールシャッハ法では、特にRapaport（1946）の"Deviant Verbalizations"をもとにした「思考・言語カテゴリー」を特徴の1つとする名古屋大学式技法を活用している私は、そこで語られた言葉や態度なども記録していきます。しかし、「あくびをした」「ため息をついた」とか「カードを丁寧に渡した」などといったことまで、クライエントの眼前で記録するのははばかられます。それで、私は、英語やその他の外国語をもじって暗号のようにして、あくびとか、ため息とか、何度もうなずくなどについて、記録してきました。検査後にあらためて、こうした「記号」を態度や行動の記録として記載し直しています。

　心理アセスメントの実施においては、導入面接、心理検査の導入、実施記録、フィードバックの記録といったことが想定できます。あらためて、その順番に要点をまとめてみます。なお、それに先立って、心理検査を含まないアセスメント面接のみの場合も想定して、その場合に私が実践していることも簡単に述べます。前章とあわせて参照してください。

（1）心理療法の導入（アセスメント）面接

　心理療法導入期のアセスメント面接の場合、現在の私は、ほぼ記録を取らずに面接をしていきます。本書でもすでに触れたように、私が初期訓練を受けていた大学院生時代は、インテーク面接の訓練の際にそのシートの項目を埋めていくようにしっかり聴かなくてはと、とても緊張していたことを思い出します。1回で勝負しないといけないという気負いもあったのでしょう。実際は、初回で聴いて理解できることはそれほど多くはないのですから、むしろ最初に何を語るかに耳を傾け、生育歴などは数回かけてアセスメント面接をしていくことになります。

　しかし、長期間治療がはじめられないのは、クライエントにとってただ負担を増すばかりになります。導入期に実施するアセスメントは、可能な限り短期間で実施し、見立てを行う力が求められるのです。松木（2005）

でも、週1回の面接にもかかわらず、4〜5回のアセスメント面接を実施し、心理検査も含めると1ヵ月以上も治療がはじまらない場合があることに疑問を呈しています。私は、心理アセスメントからスムーズに心理療法へつなげるために、面接および心理検査を総合したフィードバックの方法について、施行者が仮説的に理解した見立てをどう伝えるべきか、臨床活動の仲間たちと入念な検討を重ねてきました（松本・黒﨑　髙橋編, 2014）。馬場（1999）、前田（2014）、松木（2005, 2015）では、このアセスメント面接での聴き方、見立ての方法などに至るまでとても丁寧に解説されています。

　多くの先達が述べるように、心理療法実施前のアセスメント面接では、丁寧な応答の記録が必要で、概ね逐語的になされるべきでしょう。とりわけ、夢や再早期記憶についての語りは、いつ頃どのような体験であったかという、クライエントの記憶を辿ることも重要です。なかでも私はここで、クライエントがそれをどう語ったかを重んじたいと思っています。

　記憶は曖昧なものです。心理療法の導入を受けて本人の中で再構成されたもの、空想的なものなどさまざまです。ここは「事実」が大切なのではありません。私は、彼らの語りそのものがその場での「真実」と考えています。クライエントがどういった問題を抱えて心理療法を求めてきたのか、いわゆる主訴をいかに語るかは、とても重要です。それが明確な場合、曖昧な場合、誰かに勧められてというような場合も含めて、そのはじまりは丁寧に記録しておきます。些細な疑問も記しておくとよいでしょう。

　例えば家族との併行面接において、家族が語る問題の発生と経過や当時の様子と、本人の語る内容が大きく異なる場合、両者のセラピストがどちらの言うことが正しいかと疑問に思うことがあるようです。カンファレンスで尋ねられると、すかさず私はどちらも正しいと思っていると答えます。インテーク（アセスメント）時のそれらの体験は、それぞれの面接に活かされていきます。そして、そのときにクライエントが「そう思った」わけについて、クライエントとセラピストが考えていく心理療法が続いていけば、導入面接での体験は生き続けていくのです。

　こうして、導入期の面接については、その記録の仕方も含めて初期訓練の重要課題でもあるし、経験を重ねていってもなお、最も適切な方法の模索は続いていくようです。

（2）心理検査の導入（ラポール）面接

　さて次に、心理検査の導入面接（ラポール面接）を想定して考えます。その場合は、その場での検査記録も重要になっていきますので、実施後思い出せる範囲の印象に残ったやりとりを記録しておきます。それ自体が大切なアセスメントです。「今日は心理検査と聞いたのですが、何をされるんですか？」「時間はどれぐらいかかりますか？」、また医療機関では「今薬で頭がぼんやりしていますから、てきぱき答えられませんけど……」といった抵抗が語られる様子は重要な記録でしょう。

　逆に、検査に興味津々な態度も特筆すべきと思っています。友人に検査のこと聞いてきたとか、あらかじめ調べたんですと話されることも今では珍しくありません。たとえ語られなくても、そのようなこともありうるでしょう。しかし、ここは自然なやりとりが大切と思いますから、綿密な記録はその妨げになりかねず、検査後に、振り返って思い出せる範囲で記録しておくことになります。

（3）心理検査実施中の記録

　心理検査を実施する場合は、記録の取り方について各種検査マニュアルに書かれていることに準拠しなければなりません。ロールシャッハ法を例にあげると、マニュアルには、「反応記録の具体例」や「記録用紙への記載の仕方」としてまとめられています。反応記録以外にも、「記録用紙」に記録すべき内容が多くあります。クライエントの基本情報はもちろんのこと、臨床実践場面では診断名や他の心理検査の実施情報、心理療法実施の有無などの欄があります。そして、検査前の様子、検査者を含めての座り位置（対面、90度法など）、そして検査に要した時間などとあわせて、検査後の様子も記録されます。限界検査法を実施する場合は、それに関する記録は余白の部分に記すことになるでしょう。

　そして反応に関する記録として名古屋大学式技法では、初発反応時間、終了時間、カードの向き、各カードの反応内容、Inquiry（質疑段階での様子）、各スコアの記入が求められます。

　スコアリングの作業は実施中に記載が難しいので、もっぱら反応やその

ときの対話などの記録に終始しなければなりません。とりわけ名古屋大学式技法では、先述した思考・言語カテゴリーがあり、「ロールシャッハ法のプロトコルの中に広く分散してあらわれてくる思考・言語過程の様相を、質疑段階も含めて被検者の言語表現のすべてを分析の対象とするものである」（名古屋ロールシャッハ研究会, 2018）とあるように、最初に発した言葉から、さまざまな態度や質問等まで可能な限り記録していきます。

　他の投映法として、描画法では、画用紙と記録紙を準備しておき、そこに導入の際の様子や描写時の様子、そして描画後の短い面接や質疑（PDI: Post Drawing Interview または Post Drawing Inquiry とされ、その面接の質や内容によって、あるいは学術的技法の立場によって分かれる）の内容を記載していきます。それはその場で記録を取っていきます。その後さらに気になった点は、同じ記録用紙に記しておきます。このような実施後にあらためて思い出される事柄を含めた丁寧な記載が、その後の所見作成に役立ちます。

　とりわけ風景構成法では、中井（1985）や山中（1984）が指摘するように、季節や時刻、風景に描かれた場所、山の高さ、川の流れの速さ、人と田、人と動物などの関係も含め細かな内容を尋ねていくことで、この描画に込められたこころの内奥の理解が進むのです。

　さらに補足すると、検査での様子の記録を次の検査前に振り返る時間があるとよいと思っています。テストバッテリーを組んで、描画法を最初に実施した場合、ロールシャッハ法の前に、その描画を何度か見直します。そこに描かれた木や風景は、どのように私に向けて訴えかけているのでしょうか。それが、刺激を見たときにどう変化するのでしょうか。そんな思いをぼんやりと、抱きながら次の検査に移ります。

　投映法とあわせて、知能や発達の検査を実施する場合が多くあります。手順としては最初に実施が望ましいといわれていますが、先述のようにその順番をどう考えて組み立てるかは定説通りにはいかず、アセスメント実施者の力量が問われるところです。

　そうして知能検査を実施した場合においても、ただ時間とスコアを記入するだけではなく、検査での様子、特に「失敗」場面では、時間切れであったのか、間違いの回答であったのかまで記録されるべきです。1つの検査の開始と終了時の様子を詳細に記載していくことで、単純にIQを算

出するだけではなく、クライエントの多角的な分析が可能になります。記録をもとにした結果の提示について、知能検査において、ただIQを中心とした各カテゴリーの得点結果やズレだけではなく、特筆すべき項目やカテゴリー、解答の仕方についてなどの記載があると、さらにクライエント理解に役立つのです。この視点は、当然質問紙法などの実施にも応用が可能でしょう。

　さてここまでは、多くのマニュアルにも書かれていることになります。しかし、実践現場では検査実施も順調にいかないことがあります。初心の方から多く質問を受けるのは、検査時間はどれくらいなら大丈夫なのか、時間を要する検査の場合、中断しなければならないときのタイミングはといったことです。前者は、もちろんクライエントの状況によりますが、一般の研究協力においても、検査前後の面接を含んで2時間を超えるのは控えるべきでしょう。可能ならば90分程度、つまり通常のインテーク面接の時間程度と考えます。

　心理検査は集中力も要しますし、こころが疲弊して受診したのに、心理検査でとても辛い思いをしたというのも側聞します。知能検査、ロールシャッハ法やTATは短時間では難しいものなので、上記の時間を目安に1度休憩を取るか、次回にするかをクライエントに尋ねることを勧めています。それでも、「今日、やってしまいたいです。まだ頑張れます」といった言葉が返ってくることもあるでしょう。そういうときはより注意が必要です。「成果を上げないとこの後の治療に悪影響がある」と考えていることが予想できるからです。

　はじめに知能検査といった正解のある検査を実施した場合は、クライエント自身に、彼らを頑張らせる検査者という印象を抱かせます。「普段のあなたの様子を見せてほしい検査」と「精一杯力を発揮してほしい検査」を組み合わせてテストバッテリーを組む難しさです。

　心理検査の演習や研修会では、ロールシャッハ法やTATについて、「この検査に耐えられないのではないか」といった疑問を出されることがあります。その場合、導入後どのタイミングで切り上げるべきかと尋ねられます。多くは教示がうまく伝わらない、図版から大きく離れて個人の世界への没入が見られる場合は、検査継続が難しいと考えます。その場合は、「今日のところは、これ以上は無理せずにこのあたりで止めておきましょ

う」と、クライエントを傷つけないように中断します。

　そして、それらの状況判断の根拠などを「記録する」のです。クライエントには、自分の治療がうまく進まない不安を誘発しないように、翌回に前回での疲労度や印象を丁寧に聴くことが求められます。

　検査後の内省報告においても、「楽しかったです」とか「難しかったです」といった単純な応答に対しても、どういう点でそう感じたのか確認ができれば、それも含めて記録しておくとよいでしょう。

　こうして、心理検査の様子や結果の記載は、さまざまな観点から丁寧にまとめられていくと、その検査の使いこなしという意味でも、検査者自身の成長を促すのはいうまでもありません。第5章でまとめるように、これらの記録を持参して心理アセスメントのスーパーヴィジョンを受けるのです。

(4) フィードバック面接での記録

　心理検査の結果やアセスメント面接の結果について、医療機関では主治医から報告をされる場合もあるようですが、前章でも述べたように、可能な限り実施者による報告がよいと考えています。そこでの様子はもちろんアセスメントの重要な資料になるので、記録が必要になります。

　私は、先述のように、クライエント本人が意識的に理解していることや心理アセスメントの一環として、心理検査を受けたときの感想などからフィードバックをはじめます。したがって、本人がその問いかけに対してどのように語るのかが、とても大切なことであると思っています。

　クライエント自身による自己理解とセラピストによる理解の共通項を見出しながら、つまり治療協力者としての位置づけを守りながら、セラピストの疑問や意見を伝えていきます。クライエントがそれに応えていく様子の記録も大切です。それは、治療関係のはじまりともいえるシーンであり、すでに転移関係も動いています。その場でのアセスメントも大切にしながら、心理検査の中で、特に風景構成法の中で、セラピストらしきものが現れていると感じたら、それを返してみてその後の治療関係について触れてみます。クライエントの感覚を確かめながらなので、とても慎重な作業ですが、そのことも記録の対象となります。現在これらは、フィード

バック面接後に記録をまとめています。

　また、第2章に記したように、家族へのフィードバックはより難しい場合があります。子どもの問題のために来談する家族に対しては、誰がキーパーソンになっているかのアセスメントが求められますし、両親揃っていても、話が家族内でどのように共有され、家族がどう動くのが適切かを考えられるフィードバックをこころがけます。そのためには、記録の際にも、家族関係を図にしたジェノグラムを活用して、家族それぞれのパーソナリティ、力動的関係も含めてまとめておくのもよいと考えます。

3　心理療法でのプロセスノート再考

　前節で記したように、現在私は面接中一切のメモを取っていません。これには、医療機関における電子カルテの導入という体験が大きく影響しています。紙媒体の記録誌であったカルテの場合には、面接後たとえ数行でも記載した記録をすぐに提出して、クライエントに精算をしてもらう必要がありました。もちろん退室後に数行記載すればよいものですが、私自身の経験が浅いうちは、次々と続く心理面接と面接の間に記録を書き、急いで病棟などに移動するのが難しい時期でした。医療機関によっては、紙媒体の伝票のようなものに、チェックを入れて、自分自身の作業実績を残さねばならないというところもありました。そうしたさまざまな制約の中で、クライエントの眼前でいくらかのメモを取ることについて、積極的な意味を見出そうとしていた時期があったのです。

　2002年日本精神分析学第48回大会教育研修セミナー「プロセスノート（面接記録）をどう書くか」で、司会を務めました。ここでは、翌年発行の精神分析研究での当該教育研修セミナーをもとにした特集記事の中で記した「面接記録を書くことの意味」（髙橋, 2003b）をもとに、当時の様子を振り返って、自ら再考してみます。

　このセミナー当時の私自身は、医療機関と、学生相談臨床、そして学内外の心理教育相談室で心理臨床実践をしていました。実践現場によって記録の仕方も、その「残し方」もさまざまです。したがって、自らの実践現場においても学生教育の場においても、いかにして面接記録を取るべきか

について常に考えていました。当時のこのテーマを扱った会場はほぼ満席で、いかにしてこの「記録」についての討論が、臨床現場において最も関心のあることの1つであるかが理解できました。

そこでは、各登壇者が「どのように書くか」ということに視点を置いて、提言をしていました。訓練によってプロセスノートがどのように変化していったのかについて話題提供をした先生もおられましたが、私自身、「今」そうした変化を感じているところです。

多くの心理臨床家や精神療法家が感じているように、初心の頃には逐語的にクライエントの発言に基づく記録に徹していました。そしてスーパーヴィジョンを受けていくことで、「セラピストがどう返したか」「セラピストが何を感じたのか」が問われ、それに応じて何をどう返したかについて書き記していくことが多くなりました。そして、どう感じて何を思ったのかなども同様です。次第にその記録は洗練され、たとえ要点を絞った間接話法で記されていても、何がその場で起きていたのかについて、私が後で読み返してもいきいきとした状況がよみがえり、理解が進むようになっていきます。

私がスーパーヴィジョンをしていても同様で、スーパーヴァイジーの持参してくる記録が回を重ねていく中で整理され、読みやすくなってくることを体験しています。

面接開始当初、クライエントの言葉で埋め尽くされた記録であったものが、しだいに客観的な見方、セラピスト側の視点での記述が増えてきます。すると、治療関係がより見えやすくなってくるのです。あえていえば、クライエントの語りをできる限り正確に再現しようとすることに注意をしていると、その現場で「何が起きているのか」が見えにくくなってしまうようです。ゆえに、クライエントとセラピストとの関係性の記述が増えてくることで、記録がより明解になっていく、これは、セラピストが各セッションの流れについてより的確に理解できるようになっていることにつながるでしょう。

上記の教育・研修セミナーで、北山修先生から「治療記録のための覚え書き——直接話法と間接話法の使い分け」とした提言があり（北山, 2003）、当時翻訳が出版される予定であったFreudの「ねずみ男」の症例（Freud, 1909　福田訳, 2008）を取り上げ、その中に間接話法が多いことを指摘され

ました（Freud, 1885-1938　北山監訳, 2006）。同書によるFreudの「ねずみ男」の第1セッションでは、「私は彼に向かって、分析治療に際しての2つの基本条件（のちの考察では、唯一の条件と変更）を伝えた後で、自由に話を始めてもらった」とあります。まず、友人の話からはじまります。一連の記載の後、「続けて彼は唐突にこう切り出す」と記載があり、彼が性生活について話し出した様子が記録されています。

　このように間接話法、あるいは舞台の脚本のように記載していくことで、私たちは、治療の関係性について、会話の行間を読むような形で理解されていくものと思いました。加えて討論の場面では、間接話法と直接話法の比較についても議論がなされていました。これは、およそ20年前のセミナーです。しかし現代においても、記録をいかに残すか、あるいは記すかということは、私たちにとって大切な課題と考えます。

　この間接話法と直接話法について、現在の私は次のように考えています。クライエントの発言を間接話法だけでまとめることが、セッション中の流れを適切に把握できる記録といえるかどうかは疑問です。間接話法をうまく取り入れて、その場のクライエントの振る舞いや状況、セラピストの内面に起こっている事実、例えば、「考えながらも言わなかった解釈」も含めて書きとめていくことは、意味があります。そして、クライエントの言葉は、時折直接話法で示していくことで、当時の様子が臨場感をもって振り返られるでしょう。

　つまりは、直接話法と間接話法をうまく融合して、その場の状況も、実際のクライエントの言葉も、必要と感じたことを独自のスタイルを完成させながら、記述していくことが心理臨床家や精神療法家としての成長になると思います。

　再度上記のセミナーに戻ります。その特集記事の中で私の経験としてまとめたのは、次のようなことです。今見直すと恥ずかしいのですが、概要を再掲します。

　　筆者の場合は、まず直接話法でクライエントの言葉で重要と感じたものについて記録する。そしてクライエントのふるまいやこれらが意味すること、筆者の感じたことをその記録の両側に注のように記録しておく方式をとっている。これは、のちにその状況の意味を考えている「記録

者としての『私』」が考えたことであり、もちろん、「セッション中の『私』」ではない。クライエントの言葉の後、筆者の返した言葉で書き残す必要を感じたことも記録しておく。これは一般的になされていることと同様である。また最後には、その日のクライエントの表情、服装、様子などを客観的な言葉でまとめておく。また筆者が言わなかった内容も覚え書きとして、書き残すようにしている。これらの記述は、クライエントの数が多くなるときには、すべてが短くなる。特に、病院でのカルテには、クライエントの語った内容の「記録」として、直接話法が多く残され、自分自身のプロセスノートには間接話法で上記のようなコメントが記されるスタイルになる。筆者が異なる実践現場で活動しているため、病院等の機関でのカルテ記録と、臨床心理士のみのカウンセリングとその記録が独自に行える現場では記述の仕方が異なる。そして、後者は間接話法が多くなる。しかしながら、決して直接話法の記録だけで間接話法のコメントがない記録もないのと同時に、間接話法だけの記録というのも筆者の場合には存在しない。（髙橋, 2003bより要約）

やはり当時、私は、重要なクライエントの言葉を忘れたくないという意識が強く働いていたように思います。それはきっと、自分のスタイルを構築しようとしていたのかもしれません。

　クライエントと私とのかかわりを書きとめておくことで、その関係性やその場で起きていることを理解したいし、しばらくの時間の経過後に理解が変化することも考えてみたいという想いは今でも強くあります。ただ、今ではそれは正確な記録でなくてもよいと考えています。むしろなぜか繰り返される言葉、言い回し、そして例に出される体験などに注目しています。

　あるセッションで語られた内容が、別のセッションで同じ内容を語ったとき、異なる表現が用いられることがあります。これは不思議なことのように思えますが、「いまここで」起きていることが異なるのだから、ある意味当たり前かもしれません。このことに気づくと、あれとこれとがつながって、記録する意味が見出されます。細かな表現よりも、それらの流れやクライエントの想いが意味するところを理解しようとするともいえます。

加えて私は、「何のために記録をするのか」について、セラピスト自身のために必要であると主張しています。セラピストの歩みとクライエントの歩み、そして心理療法の意味について見直すためにも必要と述べています。現在の私も、記録を読み返したいと思うのは、関係性の膠着や行き詰まり、いつ頃からどのように変化してきたのか、しなくなったのかを知りたいからです。

　面接の準備として、前回にどのような語りがあったのかを見直すというセラピストもいるでしょう。私は高頻度の精神分析ではなく、精神分析的精神療法であるからこそ、面接の直前に前回の記録を読み返しません。それは、これからはじまるセッションでの自由がなくなるからです。そして、記録は読み返さなくても、入室したクライエントの顔を見て、前回はどんな話だったか自然とよみがえる場合もありますし、まったく思い出せない場合もあります。それでも語りを聴いていくと、ふといつかのセッションがよみがえって、あのことを今日は語るのかしらと思うときもあります。いずれの場合でも、彼らが語り出すと「そうそう……」「なるほどね」と、心の中でとても新鮮な感覚で受け止めるのです。その感覚を受け入れるためにも、私にとって「読み返す」ことは、セラピストとしての私のこころが自由に漂うことの邪魔になってしまうのです。

　また、「いつ書くのか」という疑問に対して、当該のセミナーでは、できる限りその日のうちに、そしてセッション中は書かないと異口同音に答えられていました。私自身も初期教育として、面接中には記録をしないという指導を受けて心理臨床の道を歩んできていたものの、セミナーの頃は、日々の多忙さを理由に、面接中にクライエントが語った言葉をメモに取っている現状を吐露しています。セッション中に記録を取らないのは、Freud（1912　小此木訳, 1983　藤山監訳, 2014）が「被分析者を分析している間に分析医が大量にノートを取ったり、記録を作ったりすることを私は勧めることができない」と述べるように、セッション中に記録をすることは、クライエントに対する「差別なく平等に漂う注意」を向けることが難しくなり、その場の選択的な行為をしてしまうことになるといわれています。そして、もちろん初心の段階で面接中にメモを取るのは、記録に夢中になる危険が伴うのでやはり勧められません。

　また私は、面接の数年経過後、クライエントが自らの記録を自発的に取

りはじめ、それがクライエントにおけるセラピストの内的イメージを確立していき、困難な状況にあってもそれらとの照合をしていくことで乗り越えられたと語った青年にも出会っています（髙橋, 1998）。そこで私は、伊藤（1990）が、面接中にメモを取りはじめたのは物理的な事情からという理由も添えながら、より本質的な要因として青年期のクライエントとの面接において、いかに彼らの言葉を聴くかということから、面接中に記録を取る意義について論じているのを引用しました。さらに、伊藤のいう「書き印す行為」という言葉は、我々が面接の記録をすることの意味についてあらためて自問自答させ、こころに響きます。先のFreud（1912　小此木訳, 1983　藤山監訳, 2014）にも、分析中に記録を取ることの不適切さを述べた後に、「しかし、日付とか、夢の内容とか、あるいはすぐに実際的な関連が見失われてしまいそうな、独立した実例として利用するのに適しそうな個々の注目すべき出来事などはこの規則の例外として書きとめても差し支えない」としています。

　もちろん私は、記憶が薄れることは、その意味を見失うことではないと思っています。心理療法で語られる多くの夢の中でも大切なものは、クライエント－セラピストに残っていくものです。先の、「前回のセッションにとらわれない」ために、「記録を読み返さない」私は、可能な限り、その場で自由に漂えるように整えているのです。

　治療者の事後性をテーマにまとめた論文で、考察に記したことを少し視点を変えて引用します（髙橋, 2022a）。私が実践しているのは週に1度の心理療法ですから、翌日にまた前回セッションが想起できるわけではありません。

　Coltart（1993　館監訳, 2007）では、「精神分析 vs 精神療法？」において、週に高頻度の設定がある精神分析か、精神分析的心理療法かのいずれかを見極めるアセスメントを提示しています。その際に、前者では、Bion（1967a　松木監訳, 2007; 1970　福本・平井訳, 2002）で示されている「記憶なく、欲望なく、理解なく」が了解できるが、後者ではその前提が難しいともいいます。週に1度の面接をする私は、精神分析的心理療法における平等にまんべんなく漂う注意を向けない聴き方（松木, 2015, 傍点は原文の強調箇所）によって、直感的に想起されたことが、直近のセッションで患者の語ったことと結びつくのであるから、意識的ではないにしてもそこに治療者の

「記憶」は存在していると思います。しかしこれは、わかるために記憶しているわけではありません。むしろ、わかろうとする欲望を捨て、記憶を捨てていたセラピストであるからこそ、クライエントの語りを無理に何かと結びつけようとせずに、自然に受け止めることができると考えます。こうあるべきと思うことが、そうした浮かび上がるもの想いを阻止することになるのでしょう。

　私は、これらのセラピストの動きについて、「面接内容をどこかに記憶しているけれど、それを無意識に捨てて、今の面接に向きあっている」様と感じています。Vermoteが重視する、日本的な「無心」の姿勢が、心理療法に必要と思うのです（Vermote, 2018）。

4 あらためて、記録はなぜ必要か、誰に伝えるのか

　このようにして考えてくると、心理臨床実践での記録は、セラピストが自らに「伝える」作業でもあると思えてきます。

　心理アセスメントの結果は、その後の治療方針や支援方針にかかわってきます。そのため、多職種連携のもとで心理療法を行う場合には、カンファレンスなどでの共有が必要になります。また料金の徴収のためにも記載が必要という現実的なこともあります。するとその記録の作成は、依頼者ならびに治療協働をするスタッフに「伝える」ための作業となります。さまざまな相談機関において、その実績や申し送りとして記録が必要な場面もあるでしょう。そのように「守秘義務の範囲内で、他者に向けて残す記録」と、自分自身の面接の記録として必要なものでは、意味が異なると考えます。

　それとは別に、心理療法プロセスで自らの気づきをメモしていく作業は、ここで繰り返しているようにセラピスト自身にとって重要な作業ともいえるのです。心理療法で起きていることには、セラピストのこころも大きく関与しています。もちろんクライエントの語りは大切な記録ですが、セラピストの語りや想いも記録の対象になるのです。だから間接話法で書いていくことも、セラピスト自身のあとでふと浮かんだもの想いやその場の雰囲気をト書きのように書き記すことも、意味をなすといえます。

私自身が、プロセスノートを書きながら「まだこんなこともわかっていない。一体何回面接を重ねてきているのか……!!」とメモしたことを今も鮮明に思い出します。いく度も面接を重ねながらも、わからないことがたくさんあります。

　家族面接の記録も、逐語的には誰が何を語ったかを丁寧に記載していく場合もあるでしょうし、やはり全体の雰囲気を簡潔に表す言葉で記録しておき、その変化を追っていくこともありえそうです。

　これらの記録については、次にまとめたスーパーヴィジョンにも関係していきます。スーパーヴィジョンには記録を持って行きます。そして、それを読み上げるのです。その際にどのように記録を書いていくか、初心のうちは戸惑うことばかりです。スーパーヴァイザーが、手解きをしてくれる場合もあるでしょう。ただし、記録に書かれていることが、セラピストが面接時に聴いた内容でもあるのです。スーパーヴァイザーとして、こんなにたくさん書かれているのに、何が起きたのかわからない、見えないと思うこともあります。その場合は、当然当該のスーパーヴァイジーであるセラピストも何が起きているかが見えない状況なのでしょう。

　記録を残すこと、面接プロセスを書き記すことはとても大切であり、そして決して簡単なものではないのです。

　不思議なことに、スーパーヴィジョンの場面や、当該のセッション中にそれまでの面接のプロセスがよみがえってくることがあります。これはこころの深いところに響いていた面接内容が、別の時間に思い出されていくからでしょう。考えてみれば、とても不思議なことです。面接直後に書く記録は、「聴いたこととしてまとめる」作業ですから、「聴いてないこと」は書き記されないのです。

　しかし、スーパーヴィジョンや、その後のセッションで浮かんでくる、「書かれていなかった面接時の様子や語り」には、それが重要な内容を含んでいる場合があります。いわゆる認知心理学的な記憶のシステムからいえば、時間の経過で記憶の一部が欠けてくると考えられます。しかし私たちの体験では、当該の面接よりはるか後になって、クライエントとの面接場面で、過去の記憶が蘇ってきます。それは、クライエントだけではなく、セラピスト自身にもある「事後的」に想起される事柄なのです。

　スーパーヴィジョンで、スーパーヴァイザーと会って、面接について話

し合っているうちに、そのセッションの記録になかったシーンがふと鮮やかによみがえります。それは記録をまとめているときには思い浮かばなかったことなのです。

　このような体験は、心理臨床家が誰でも思い当たることと思います。直後には思い出されなかったことがなぜ別の時間に思い出されてくるのか、今後も考え続けていきたいと思います。先の髙橋（2022a）で、その考察のはじまりをクライエントとの心理療法プロスを通して、提起してきました。「面接内容をどこかに記憶しているけれど、それを無意識に捨てて、今の面接に向き合っている」としたならば、面接場面で、それらの遠くに追いやっていた記憶が、なぜまたやってくるのかについてです。あらためて考えると、私たちの体験している心理療法は、不思議な空間と時間なのです。聴いたことがある、考えたことがあると思うことであふれているのかもしれません。そして「よみがえってきた体験」が、後日記録されたら、その間の「時間」はとても重要な意味をなすのでしょう。

第4章

心理療法のスーパーヴィジョンにおいて
「伝える」こと

1 スーパーヴィジョンの必要性

　心理臨床家の訓練で必須といわれるものの1つがスーパーヴィジョンです。スーパーヴィジョンは、なぜ必要なのでしょうか。「臨床心理士」が誕生する以前の論考を辿ってみます。前田（1981）は、まず心理臨床家の資質として、Freud、Fromm、Mayの引用をしながら、「自分自身の心の無意識レベルのものに対する洞察」が必要なことから、「教育分析」「自己分析」の重要性を主張しています。そして大学教育上の問題点として、個々の研修生に合った教育課程のプログラムが組みにくいこと、マンツーマン教育が難しいこと、学内の事例（症例）検討会での発表も2年に、3、4回になってしまうと述べています。

　今日の大学院教育では、臨床心理士の養成と公認心理師の養成プログラムから、必須科目が過密になっていて、学生は、それらの履修で余裕のない状況にあると思います。現状を鑑みて、あらためて心理臨床家の教育とはどうあるべきかを問い直さざるをえません。そうした大学院教育の中で、個別の指導を重視できるのがスーパーヴィジョンです。

　前田（1981）は、スーパーヴィジョンについて2つの方法があると記しています。1つは、「1症例について毎週継続的に行って行く方法で、1セッションごとに逐語的な報告を聞き、治療者としてそれをどのように理解したか、質問や介入の仕方が適切であったか、次の回はどのように展開するかなど、具体的に討議していくもので、最も理想的なやり方である（継続法）」としています。

　これが、現代において私たちが共有している教育訓練の一助としての「スーパーヴィジョン」でしょう。そして、もう1つについては、「診断的面接が終わった段階で、患者の精神力動を討議し、どのような治療方針を立てるかを中心に行われるもの、また治療の各段階で、問題が生じた際に経過の概要をまとめて報告を聞き、それについて討議するやり方である（断続法）」と述べています。奇しくもその前段に述べられたのは、アセスメントに関するスーパーヴィジョンであるともいえ、私自身もこの心理支援や治療方針について討議することの重要性を常に主張しているところです。

そして、スーパーヴィジョンの原理として必要なものは、「心理療法での一般的な治療要因として考えられている４つの基本的要因（支持・訓練・表現・洞察）である」としており、さらに遡って前田（1976）においては、その詳細として以下のように述べています。「訓練生との間に①共感的な理解にもとづくラポールが必要なこと、その上にたってケース理解や治療関係のみかたについて、新しい視点を示したり、治療における計画的な操作などについて教育的な指導を与えること、②やさしいケースより、しだいに困難なケースへとレベルを上げてゆくことで自信をつけさせること、③自分のケースをどのように考えているのか、どんなふうにもってゆこうとしているのか、そうしたらどうなると思うかなど、時間をかけて十分に述べさせ、それを受容して聞くこと、④訓練生自身で気づいていない自分自身の認知上、技術上、感情上の問題点を指摘したり、言語化して明確化させるとともに、なぜそのような片よりや盲点が生じたのかという逆転移についての解釈などにより、自己洞察を深めさせることが行われる」とまとめています（表記は原文のまま）。

　長い引用になりましたが、あらためて、現在私たちが実践している臨床心理士養成のための基礎訓練としてある「スーパーヴィジョンの在り方」や、指導者としての「スーパーヴァイザーの心得」について、その後多くの議論が交わされていないことに気づかされます。

　前田の４つの原理のうち、最後の「洞察」のための訓練は、現在の日本の精神分析家養成、精神分析的精神療法家養成では、訓練分析、訓練精神療法として実践されるのが望ましいとされており、訓練としては、スーパーヴィジョンとは別に設定されています。①から③については、セラピーの導入期においてのアセスメント、経過の中で起きてくるさまざまな行き詰まりに対して、スーパーヴァイジーの体験が言葉となって、スーパーヴィジョンでスーパーヴァイザーと共有され、検討していく姿勢が求められます。

　前田をはじめ多くの先達も述べていますが、事例検討会、相談室等で行われるケースカンファレンスでは、自分以外のセラピストのセラピーについて、その経過や問題点などを議論していく場であるがゆえに、発表担当ではないメンバーが「ただ聴衆となってしまう」ことが懸念されます。カンファレンスは、スーパーヴィジョンとは別の意味で、大変重要なものだ

からです。医療機関や教育機関、福祉領域の現場では、クライエントの治療（支援）方針を決定し、さらにその経過を検討していく機会としての役割も果たします。大学院附属の心理教育相談室では、臨床心理士、公認心理師の養成機関としての責務があり、そのための教育プログラムとしても必須となります。発表者がその限られたチームの中で事例発表をし、メンバーによる討論によって、担当者が気づかない視点が提供されます。議論に積極的に参加するような意識しだいで、「聴衆としての参加」にとどまらず、参加者それぞれの臨床力の向上に役立つのです。

　さて、スーパーヴィジョンはカンファレンスとは対照的に、スーパーヴァイザーとセラピスト（スーパーヴァイジー）との1対1の場面で、そこに面接したプロセスを持参し読み上げることで進められていきます。そこに浮かび上がるクライエント像をもとにして、何が大切か、何が求められているのか、何をすべきかと突きつけられる体験でもあります。それは、1人の人間としてのセラピスト（スーパーヴァイジー）が、自らと向き合う、自分との闘いの場面ともいえましょう。

　いくら経験を積んでも、クライエントを見る眼差しがくもる、彼らの声が遠く感じ、その内容がうまく聴き取れない感覚に襲われる……そうして、考えた末に発した言葉が彼らに届かないと思えてくるときがあります。セラピストであり続ける以上、そんな体験は必ずあるはずです。指導者になっていくと、指導者というアイデンティティから、スーパーヴァイジー体験が遠くなりがちで、自らの感覚を研ぎ澄ますために、修練を重ねる時間を費やすことがなくなってしまいそうです。しかし、指導者としての立場があるならば、常に心理臨床家としてクライエントに向き合うために、より一層日々の訓練に対する認識が必要で、そのためにスーパーヴィジョンはあるといえます。また、スーパーヴァイザー役割を担ってからも、さまざまなカンファレンスで発表を行い、気づけなかった新たな視点を得ることが大切なのでしょう。

2　スーパーヴィジョンは、誰に何を伝えるのか

　スーパーヴィジョンについて、私が2009年に京都大学に着任以来、大

学院博士後期課程・臨床実践指導者養成コースにおいて、皆藤章名誉教授と共におよそ10年にわたり、大学院生、講座OG、OBらと討議を重ねてきました（髙橋, 2018a）。その後は、西見奈子准教授と共に、現在まで本コースでの議論を継続してきていて、あわせて15年になります。2013年には、これまで日本の心理臨床において「スーパーヴィジョン」について十分な議論がなされていないと考えられ、日本心理臨床学会での共同研究発表、各地での研修会での提言を踏まえ、その成果として、『心理臨床実践におけるスーパーヴィジョン』を上梓しました（髙橋, 2014a）。これまでに語られたことのない、「スーパーヴィジョン学の構築」を目指したものでもありました。その後、日本心理臨床学会において、「アートとしてのスーパーヴィジョン」という企画が大学院生によってなされ、指定討論を務めました（髙橋, 2020）。

「優れた臨床家であれば、誰でも優れたスーパーヴァイザーになれるのか」「スーパーヴィジョンにおいて何をなすべきか」「知識、技術、何を伝えるべきなのか」というさまざまな疑問を討論してきた上でのシンポジウムでした。以下にそこでの発言ならびに心理臨床スーパーヴィジョン学にその指定討論概要をまとめたのをもとに述べます。

シンポジウム「アートとしてのスーパーヴィジョン」では、複数のシンポジストによる事例に基づく発表がありました。心理臨床学という学問は、「アート」と「サイエンス」の両方をあわせもち、心理療法における独創的なプロセスであれば見る（聴く）人を魅了し、刺激的でもあります。しかしそれは他の追随を許さず、孤高のものかもしれません。スーパーヴィジョンはその独創性の中にだけそびえ立つものになると、「その人だからできる」ものになり、貴重だけれどもサイエンスにはなりえないのかもしれません。

では、サイエンスとは何でしょう。再生可能性、エビデンスの重視は、ここ数年重視されてきています。その前提に立てば、固有の問題を抱えたクライエントにまったく同じようにセラピーが提供できるのかを問わねばなりません。そう考えていくと、心理療法とはかけ離れていくように私には思えます。

しかし、伝承性のある技術と考えていくとどうでしょうか。技術のベースとなるものは、まずサイエンスとして実証できるものとして立ち上が

る、これはある意味基礎の部分です。しかしその上の部分は、アートとしてその人の中で育まれ、成長していくのです。そして、相手（クライエント）に合うようなアレンジができる技術にその人のものとして練り上げられていくのではないでしょうか。

　当時の指定討論を控えてそのようなことを思いながら、ふとテレビに目をやると、ある和菓子について取り上げてました。その和菓子を推薦していた司会者が日本で一番と評価する水羊羹だそうです。特に高価なものではなく、見た目も普通の水羊羹ですが、すごく透き通ってきれいで、その舌触りが独特なのだそうです。優しい口溶けの良さが他に類を見ないとのコメントが異口同音に発せられていました。私の目を引いたのは、その工程の映像でした。職人は、水羊羹の小豆を寒天に混ぜる際にできた泡を丁寧に1つひとつ取り除いているのです。それは本当に気の遠くなるような作業ですが、あっという間に口に入り溶けてしまうようなかけらに、長い長い時間をかけて職人は泡を取り続けます。型にはめてもなお、出てきた泡を取っているのです。きっとその職人は、その人独自のこだわりでこの技術を発展させたのでしょうけれど、料理は想像力の勝負でもあるように、その食材を口に入れてどんな感じになるのか、飲み込むときののど越しはどうかをイメージして、最高の口溶けを考えたのでしょう。

　上述のように現代の心理臨床において、サイエンスを強調するなら再現可能性という原則で進めていくところでしょう。そうなると、AIを搭載したロボットでもいけそうです。しかし水羊羹で見られたように、その人がどう飲み込むのか、いわゆる見立てに従って、技術を変異させた羊羹のような言葉は、それを生み出した師匠（スーパーバイザー）の通りにはできないと思えます。達人の技だからでしょうか、いえ、達人の舌と後継者の舌は異なるのですから、後継者は自らの舌で、自らの勘で、作っていくよりほかはないのです。もちろん学ぶ（まねる）期間は長く続くでしょう。その果てしなく続く時間の中で、会得した技は後継者が後継者の舌で作るものになっていくのだろうと思うのです。日本の伝統工芸などの技も同じではないかと私は思います。まねることを徹底的にした後は、師匠と同じものを作る必要がないのかもしれません。それを見た、聴いた職人が、自分の舌で味わい、自らの眼前にいる顧客に合うようにアレンジできる力をもらうことが大切だからです。これはアートの伝承といえないでしょう

か。技術の伝承は、私は「考える力」の伝承と思っています。そしてそれは、クライエントに対して見えたもの、聴いたこと、そしてセラピストが感じたことに応じたかかわりについて、常に考え続けることです。

　上記のシンポジウムの提言には、クライエントが生きるという大きくて根源的なテーマも取り扱われていました。患者の生きること、死にゆくことに立ち会う現場に我々心理臨床家の活動はあるのです。野澤は、皆藤との対談の中で、余命宣告を受けた患者の希望を叶えるために、深刻な状態でありながらも、「普通であり続けることへの支援」を、その途方もない努力と深遠な考えとは裏腹にいとも簡単に見える所作で行っていく様子を語っています（野澤・皆藤, 2018）。こうした我々の力を超えた絶対的なものにも患者の「伴侶者として」（村上, 1992b）、ともに歩く（在る）のが心理臨床の基本と考えます。

3　スーパーヴィジョンでの「いまここで」の体験について

　現在、私は、精神分析的精神療法というアプローチをクライエントとのかかわりに活用しています。すべてのクライエントに適用できるものではないので、繰り返し述べきたようにアセスメントが重要になります。

　そして、現代における精神分析の考え方の中心には、クライエントとの面接セッションに「いまここで（here and now）の体験」を重視しています。しかし週に4回以上のセッションをもつ精神分析とは異なり、週に1回の精神分析的精神療法のセッションにおいては、そうした「いまここで」の解釈だけではなく、「あのときあそこで（there and then）」という感覚、が大切になります。これは、独立学派で英国精神分析協会の雑誌編集長であった、Breenの論文にも述べられています（Breen, 2003）。

　クライエントだけではなく、セラピスト自身の事後性ということですが、ああ、あのことがこれだったんだという発見です。私は、スーパーヴィジョンをしていると、スーパーヴィジョンにおける「いまここでの体験」に面接時の「いまここでの体験」が持ち込まれます。その間にセラピストのこころの作業があるわけで、それらの重なりが、持ち込まれると思います。

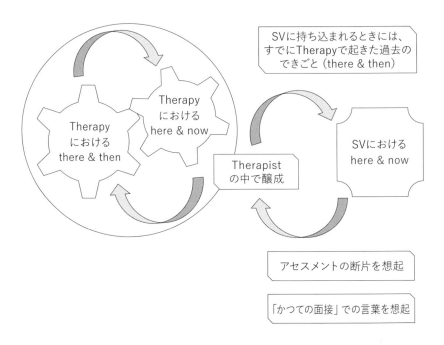

図7. スーパーヴィジョンにおける往還

　このように考えると、スーパーヴィジョンでの「いまここでの体験」は複雑に絡み合ったもののようです。そしてこれをまとめたものが、図7です。

　私たちの心理臨床実践では、多くの場合が週に1度で、やむをえない場合、隔週に1度といった頻度になっているでしょう。またセラピーの期間も、例えば学校臨床のように、在学期間に限られるという設定でなされる場合もあるでしょう。上記で述べたように、「今週はこんなことがあったんです」といった、「あのときあそこでの報告」から入る面接も少なくありません。それを精神分析的には、「いまここで」の関係とのつながり、つまり転移関係を考えながら解釈を伝えていくことがあるわけです。それは、図7の左側の歯車で、双方にクライエントの体験と結びつけていきます。

　スーパーヴィジョンの場面では、「いまここで」が起きないのでしょうか。Ogden（2009a）は、「分析的なスーパーヴィジョンやセミナーのよう

な場所で行われる症例発表においては、そのスーパーヴィジョンにおける
ペア（スーパーヴァイザーとスーパーヴァイジー）やセミナーグループでの課
題は、その患者を「『夢見て創りあげる』（"dream up"）ことである」と述
べています。この"dream up"というキーワードは、本論文を筆頭に所収
した書籍 *Rediscovering Psychoanalysis*（Ogden, 2009b）において、副題と
して "Thinking and Dreaming, Learning and Forgetting" があげられて
いるように、随所にちりばめられています。藤山監訳（2021）の『精神分
析の再発見』として、本邦でも広く読まれている名著となっています。

　このdream upという言葉自体にも、産み出す、創り上げる、存在を与
えるといった意味があるようです。つまり、スーパーヴィジョンの場面で
も、スーパーヴァイザーとの対話の中でスーパーヴァイジー自身がより明
快にクライエントのことが想起されていくプロセスと理解できます。続け
てOgdenは、スーパーヴィジョンの場面で自身が音読をする習慣は、精
神分析を教育する上で欠かせないことと述べています。

　先の図7の右側に示したように、当該のクライエントの面接から数時
間、数日経ってスーパーヴィジョンを受けるわけですから、すでに「いま
ここで」のことが、「あの時あそこで」起きたことになっています。しか
し、スーパーヴァイザーの目の前でそれを読み上げることで、「いまここ
で」のスーパーヴィジョン体験になり、それは両者にとって新鮮なクライ
エントイメージの創出になるのです。

　またOgden（2009b　藤山監訳, 2021）では、その第3章に「精神分析的
スーパーヴィジョンについて」という論考があります。続けて引用してみ
ると、「分析家はスーパーヴィジョンのセッションに被分析家を連れてこ
ない。分析家はむしろ、（スーパーヴァイザーの手助けによって）スーパーヴィ
ジョン設定においてその患者を『夢見て作り上げる』のである」といいま
す。ここでOgdenは、分析家がスーパーヴィジョンの場面に持ち込むさ
まざまなことから、被分析家を想像された1つのフィクションとするとい
いながら、ここで、そのフィクションという言葉は「嘘」ではなく、正反
対であり、「スーパーヴィジョン設定で患者をフィクションとして創造す
ること「患者を夢見て創り上げること」は、分析家とスーパーヴァイザー
の共同の努力を表していると述べています。

　スーパーヴィジョンにおいて、スーパーヴァイザーとスーパーヴァイ

ジーとの協働作業によって、スーパーヴァイザーは、スーパーヴァイジーが向き合うクライエントについてイメージを固めていくことになり、スーパーヴィジョンの回数を重ねていくことで、それに命が吹き込まれるのでしょう（Ogden, 2009a; 2009b　藤山監訳, 2021）。

　さて、ここで私自身の体験と重ね合わせてみます。スーパーヴィジョンでは、スーパーヴァイジーが、面接のプロセスを記録に従って読み上げていきます。そして一通り読み終わった後に私からスーパーヴァイジーに「どう感じましたか」とか、「あらためて今読んでみていかがでしょうか。何か気づいたところとかありますか」といった、問いかけをします。その際に、スーパーヴァイジーから、「ここに書いていなかったんですが、今思い出したことがあります」と言われることが少なくありません。そして、それはなぜか記憶の彼方に置いておかれていたことに気づくのです。また、スーパーヴァイジーが返した言葉や介入した内容も、記録から抜け落ちていることがあります。私自身がスーパーヴァイジーである場合にもこれは当然起きます。

　スーパーヴァイザーとしての私は、その置いておかれた内容を確認しながら、その前後の語りについて慎重に理解を進めます。そして、セラピストであるスーパーヴァイジーの介入の箇所について繰り返し目を通しながら、「ここのところですが、○○○○と言われたようですね。それはどういった考えからでしょうか」と、私はその場所を音読してみます。スーパーヴァイジーがクライエントの声音をまねているように読み上げる様も、あらためて「いまここで」の感覚を呼び起こしていることに気づきますが、私もまた、スーパーヴァイジーの語った言葉を音読して見せて、その対話の再現をしているようです。スーパーヴィジョンでは、そういうやりとりから両者に新たな発見が生まれていくように思います。

　私は、心理療法でよく取り上げられる「沈黙」について、スーパーヴィジョンの場面でも大切にしたいと考えています。その場でスーパーヴァイジーが面接でのかかわりを思い起こし、その意味を考える時間です。スーパーヴァイジー自身も、「どうしてでしょうね……そんなふうに思えたのです」と語りながら、自らの対応について、スーパーヴィジョンの場で反芻しているようです。そしてここに述べた新たな発見へと導かれると考えるのです。

図7の右下に「アセスメントの断片を想起」「『かつての面接』での言葉を想起」とあるのは、さらにその場でクライエントをめぐる自由連想をするかのように、スーパーヴァイジーが、以前の面接での体験を語っていくことを指しています。私自身の体験では、私がセラピストとして面接をしている場面で、まったく思いもよらないときに当該のクライエントのアセスメント時に実施した描画が浮かんできました。それは私自身が自由連想をするかのように思い出させたのです。そのような体験や、上記のようにスーパーヴァイザーのもとで想起されるようなセラピストの体験は、「事後性をもって、大切な意味をもたらす」と、私は理解しました（髙橋, 2022a）。

　しかし、この発見についても注意が必要です。スーパーヴィジョンでの対話でセラピストであるスーパーヴァイジーが考えたことを、次のセッションですぐにそれを活用して伝えることは、面接のプロセスを乱してしまいます。同じように1週間もちこたえたクライエントがどう語りはじめるかを静かに耳を傾けながら、セラピストのこころに浮かんできた言葉で返していきます。そこでは、スーパーヴィジョンで話し合ったことが時間をかけて、セラピストの中で熟成されたことが活かされるのかもしれません。いわんや、解釈についてスーパーヴァイザーが言った意見をすぐに次のセッションで伝えることはないはずです。

　これは、先に引用したBreen（2003）でも、「私たちは、スーパーヴィジョンの良い使い方について、スーパーヴァイザーが（セラピストであったら、このようにするかもしれませんと）解釈の例をあげたとしても、それを次のセッションで行うことにあるのではなく、スーパーヴァイジー自身が理解を深めていくことにあることを知っている」と述べています（括弧は筆者の補足）。そして、「分析者がセッションとセッションの間に自らのこころの作業を継続する能力は、その分析や患者が、時空間世界で生きられるようになるために重要である」ともいいます。つまりクライエントとセラピストが会えない時間の中で、自らのこころの営みを続けることができる力は、セラピスト自身のそうした力との関係によって育まれると考えられます。そして両者が出会う面接の空間の維持のためにも、その場で次にクライエントが来訪するのを待つセラピストが、クライエントの内的作業とともに、不在に持ちこたえるというわけです。それが、図7ではセラピス

トの中での醸成としているところです。Breen は、この関係と類似の体験としてスーパーヴィジョンを引用しているようです。

　さらに、私のスーパーヴァイザーとしての体験ですが、スーパーヴァイジーの面接プロセスを聴きながら、「これは……」と私の理解を伝えようとした際に、スーパーヴァイジーに制止されたことがありました。驚いた私はスーパーヴァイジーの様子をうかがうと、「今、私が先生の言いたいことに気づいたので、先に言わせてください」と言うのです。私はとても嬉しくなりました。このスーパーヴァイジーが私の言いたいことを当てたからではありません。ぴったり一致するはずもありません。このスーパーヴァイジーが私との対話を重ねてきた中で、静かに醸成されてきたセラピストとしての独自性を発揮しようとしていたからです。そこに私のかつての言葉や考えが取り込まれ、このセラピストの「もの」として、生まれ変わっていることをとても誇らしく思えたのです。当時、長いスーパーヴィジョンの期間を経過していましたが、ほどなくそのスーパーヴァイジーは、私のもとを「出立」していきました。

　こうしたやりとりから思い浮かぶのは、髙橋（2014b）でも引用したCasement（1985　松木訳, 1991）のいう「こころの中のスーパーヴァイザー」です。Casementは、研修中のセラピストがスーパーヴァイザーから抱っこされる体験は、最初は外部からのものとして体験され、やがてその体験は、彼らの中で内在化されるといいます。そして、終局的には内在化されたスーパーヴァイザーからも独立して分離していく内部への支持へと発達をすることが必要と述べています（Casement, 1985　松木訳, 1991, p.29）。

　このさらなる発達を強調するために、「こころの中のスーパーヴァイザー（internal supervisor）」としています。Casementは訓練分析家ですし、これらのプロセスは、研修中のセラピストが訓練分析※と訓練スーパーヴィジョンをともに受けていることが想定されています。私のスーパーヴァイジーは、訓練のためのセラピーを受けていたかどうかはスーパー

※　セラピストである者が受けるセラピーについて、さまざまな学派に共通して「教育分析」といわれてきました。本書では日本精神分析協会の規定に従って、精神分析家となるための分析体験の訓練を「訓練分析」、精神分析的精神療法家になるためのセラピー体験を「訓練精神療法」と記しています。そうした体験を総称してここでは、「訓練のためのセラピー」としました。

ヴァイザーとしての私は知りません。おそらく受けていなかったと思いますが、スーパーヴァイジー自身のセラピープロセスには明らかにセラピストとしての発達が見出され、私たちのスーパーヴィジョンの時間がそこに寄与してきたと感じたのです。

4 初心のスーパーヴィジョン：スーパーヴァイザーとの出会い

　初心の段階で、セラピストはスーパーヴァイザーとどのように出会うのでしょうか。大学院によって異なる様式が導入されています。学外のスーパーヴァイザーにスーパーヴィジョンを受ける指導をしている大学院は、少なくありません。私はそうすべきと思っています。所属大学院の教員にスーパーヴィジョンを受けるのは、それが指導教員（研究指導上の主査としての役割をもつ教員）ではないにしても、当該教員が臨床心理士や公認心理師の養成科目において協同で担当する授業もあるため、「評価者」との二重構造になるからです。

　それでも初心の大学院生は、入学したばかりで生活にも慣れていないのに、外部のスーパーヴァイザーのところに、自分が体験したばかりの未知の面接プロセスを必死で書き起こして持って行くのも簡単とはいえません。これまで学んできた「答えのあること」とは異なる、「答えはクライエントのこころの中に潜んでいるもの」について必死で考え、何かを伝えなくてはともがいているよちよち歩きの大学院生が、外部の先生にスーパーヴィジョンを受けにいくわけです。そのこと自体が相当な訓練要素を含んでいると思います。

　私が出会った初心の大学院生もさまざまです。ある人は教員に勧められて、ある人は自分自身の空き時間とスーパーヴァイザーが対応してくれる時間が合ったからとの理由で、数人の候補者の中から選ばれた場合もあるようで、嬉しいような複雑な気持ちで、この依頼を受け入れました。

　そのような体験から私がこころがけているのは、まずスーパーヴァイジーのアセスメントです。というと、「クライエントと同じようにスーパーヴァイザーが自分のことを見ているのは怖い」と思われるかもしれません。もちろんセラピーをするわけではありませんので、このアセスメン

トは、セラピストとしてどのような形でクライエントとの関係をもってくるのだろうかという「見立て」になります。

スーパーヴィジョンでの「見立て」は、髙橋（2014b）でも記したように、スーパーヴァイジーの実践活動の場を見立てる、クライエントを見立てる、スーパーヴァイジー自身の特性を理解するということです。そしてこの特性は、固有のパーソナリティと切り離して考えるのは難しいのですが、持ち味、苦手な感じという大まかな理解にとどめます。というのも、パーソナリティの特性について、それがうまく臨床実践に機能できなくて壁にぶつかっているとき、あるいはセラピスト自身を見直す機会を突きつけるクライエントと出会ったときには、私はスーパーヴァイザーとして会うわけで、セラピストとして会うわけではないことをこころがけて助言をしていく、あるいはその水準で共に「ケースをもとに」考えていくということにとどめるからです。この感覚は実はとても重要と思っています。スーパーヴァイジーが心理臨床家として成長するのは、個人の力によるわけですが、それはスーパーヴィジョンの場では、かなり間接的なものとしてスーパーヴァイジーに取り入れられることと考えているからです。

私自身の体験から、セラピストである以上、自らセラピーを受ける体験は必要と思っています。それがユング派であれ、精神分析を志向する立場であれ同様です。少し次元は異なりますが、心理アセスメントの実践も自ら被検者体験をしていない者は実践できないと考えているところに通ずるかもしれません。したがって、スーパーヴァイジーがセラピストとして心理療法上の困難さを抱えている場合、スーパーヴィジョンの域を超えるようなかかわりが必要と感じた場合にはセラピーを勧めます。セラピストも生身の人間ですから、そして大学院生も将来を抱えた青年期を生きる人ですから、プライベートな悩みを抱えていないはずがありません。時にはそれがクライエントの抱えている問題と重なって、身動きがとれなくなることがあるのです。

初心のセラピストに対するスーパーヴィジョンは、責任重大です。彼らとのスーパーヴィジョンがはじまって、担当する心理療法が軌道になるまで、特にスーパーヴァイザーとしての言葉かけは1度に多くを伝えないことに徹します。スーパーヴァイジーを消化不良にさせない努力が必要と考えるからです。加えて、記録の取り方にも注意を払います。スーパーヴィ

ジョンでの記録の読み上げがほどよい時間で終われる記録を持ってくる初心のスーパーヴァイジーは、決して多くありません。すべてを書きとめようと必死で長い記録を書き起こし、その読み上げに相当な時間を費やしてしまう場合がほとんどです。しかしその逆もあります。簡単なメモだけを持参する場合です。スーパーヴィジョンの半分ほどの時間で読み上げ、先のOgden（2009b）が述べるように、あとはスーパーヴァイザーとの対話によって、クライエントのイメージを創り上げていく作業を協同で行えることが望ましいと考えています。

　そうした中で、スーパーヴァイザーが必ず考えるべきことは、スーパーヴァイジーの担当する面接が休みになった場合にスーパーヴィジョンをどうするかです。「別のケースを持ってきました」というスーパーヴァイジーがいますし、「面接が休みになったので、スーパーヴィジョンもお休みにさせてください」という連絡が入ることもあります。私は、休みの場合にこそ、当該クライエントについて話し合える大切な機会だと思っています。

　ここで再びスーパーヴァイザーとしての体験を取り上げます。面接が休みとなった前の回について、前回のスーパーヴィジョンで持参した記録を作り直してきたスーパーヴァイジーがいたのです。これには驚きました。その書き直しの記録には、どちらかといえば、セラピストのかけた言葉がとても多く加筆されていたからです。このスーパーヴァイジーは、休みになった理由について、自らが返した言葉を見直すことで理解を深めようとしていたのです。大学院生になってすぐの面接で起きたことに対峙するこのスーパーヴァイジーの臨床感覚は、なかなかのものと敬服した体験でした。

5　スーパーヴィジョンで活用するプロセスノートについて

　すでに、前節の初心のスーパーヴァイジーをもとに述べてきたことですが、「スーパーヴィジョンに持参する記録について」は、現在私の所属している臨床実践指導者養成コースにおいて、よく議論になります。第3章で「記録について」触れていますが、スーパーヴィジョンでその記録（プロセスノート）は、どのように活用されているのでしょうか。上記の初心

のスーパーヴァイジーに限らず、一定の実践経験のあるセラピストがスーパーヴィジョンにやってくる場合にも、やはり私はその記録について重視します。

スーパーヴァイジーがどのような形で面接記録を持参するのか、それが彼らの面接の在り方を示していると考えるので、最初のスーパーヴィジョンセッションは、とても興味深く思います。詳細に書かれた記録で、面接の再現性は高いのですが、読み上げるだけでスーパーヴィジョンの大半の時間を費やしてしまうことがあります。

逆にクライエントの発した言葉は丁寧に記載されているのですが、スーパーヴァイジー（セラピスト）の返した言葉があまり書かれていない場合は、それが想起できないのか、なんだかスーパーヴィジョンでの評価を気にして気後れして書かれていないのかはわかりませんが、簡単にまとめられた記録もあります。

先述のスーパーヴァイジーのように、面接の休みを活かして自らの発した言葉を想起してまとめるというのは、その面接を多角的に視る上で大切な作業です。私は、セラピストの言葉は、可能な限り再現できた方がスーパーヴィジョンにおいても有効と思います。このように、スーパーヴィジョンの場で、スーパーヴァイジーが、いかにして面接の様子を「伝えてくる」のかは、当該の心理療法にとっても大変重要なことなのです。

また面接は、いくつかのまとまりをもって語られることが多いようです。もちろん混乱が激しく、話が飛び飛びになる場合もありますが、振り返ってみると概ねいくつかの要点にまとめられるようです。第1章で引用した前田（2020）のいう「記録の一行目」は、重視したいところです。それはセラピストが記録として書き残したい思いによって、話された内容から選択されたものであるからです。スーパーヴィジョンでは記録を読み上げるのですが、その流れがいくつかのまとまりとしてとても理解できるときと、それが難しいときがあります。それはおそらくセラピストのそのセッションに対する理解の反映でしょう。

私自身もセラピープロセスが理解できるようになってくると、「面接の流れがとても読みやすい」とスーパーヴァイザーから言われたことがあります。

スーパーヴィジョンの時間を有効に活用できるほどよい時間で読み終わ

り、スーパーヴァイザーとの対話が十分できるようなプロセスノートを作成できるようになると、そのスーパーヴィジョンの卒業も見えてくるのです。

6 カンファレンス・事例検討会において「伝える」こと

本章の冒頭にも少し触れましたが、カンファレンスや事例検討会での発表について、これまで伝えてきたことを述べます。当然ですが、これらにはさまざまな形があります。カンファレンスという言葉からまず浮かぶのは、医療現場や教育現場等で、多職種と臨床心理士や公認心理師が定期的に行うものがあります。あるクライエントについて、専門家がそれぞれの立場から治療方針、計画を検討する会になります。そこで私たちには、心理アセスメントの結果や心理療法の方針などを発表することが求められるでしょう。多職種連携が有効に働くために、それぞれの専門性を活かして検討を行うわけですから、複雑な心理検査を駆使したり観察やアセスメント面接での理解をまとめたりして、「見立て」を構築する臨床心理士としての専門性をしっかり自覚していなければなりません。明快に他職種スタッフに理解しやすく伝えるためにも、心理臨床家の日々の訓練が必要になるでしょう。

同じ専門家同士のカンファレンスは、例えば大学院での訓練機関である心理教育相談室で継続的になされるものがあげられます。これは大学院生の初期訓練の意味もあるので、参加者は必ず担当ケースについて発表することが求められます。冒頭では、自分が発表者でないときについ聴衆になってしまう危険性を取り上げました。さらにここで、私が注意すべきと思うのは、その場で「難事に向かっている、セラピーの行き詰まりを感じているような状況」が発表できるかということです。カンファレンスの運営は、どういった目標を立ててなされるのでしょうか。私が現職に着任した際には、「カンファレンスの運営」について検討する「カンファレンス」がありました。司会の設定、指定討論の有無、参加者の意識や発表事例のテーマといったさまざまなカンファレンスの要素について検討していたのです。現在では、その発展系として、スーパーヴィジョンにまつわるさま

ざまなことを検討する会になっています。

最初の疑問に戻りましょう。スーパーヴィジョンと同様にカンファレンスも、その目的はより適切なセラピーのため、つまりはクライエントのためにあるものと考えられます。その意味からは、セラピスト（発表者）が、セラピーが壁に突き当たっている問題を理解して、クライエントと共にそれを乗り越えるヒントを得られるカンファレンスであるべきでしょう。

大学院での初期教育としてのカンファレンスは、発表者である大学院生が「評価される」という緊張感が強く、クライエントとのかかわりについて、困難に感じていることを自由に語れる場の提供が、教員の責任となるでしょう。無事に終結できた事例検討や中断してしまった事例検討などが積極的になされることが、大学院生の臨床力の成長を促す場となるように思います。

私は、こうした現場にゲスト（外部者）として招かれるとき、より一層緊張感を抱きます。大学院生の訓練の場でもあり、招待された専門家から適切なコメントを受ける場でもあるという緊張感です。そこで私が試みているのは、「最後にコメントをいただきます」という流れを少し崩してみることです。最初に、この場が「他人事の場ではなく、自分事の場にしていってほしい」、自分が担当者ならどうしたいかを想像して、さまざまな疑問を発し、意見交換をしてほしいということを強く主張します。私自身は、その相談室の仕組みの特徴もつかんでいませんので、そうした質問から担当者の見立てや、それに沿って面接が進んでいるかどうかについて考えながら、質問を投げかけていきます。

すると、参加している大学院生からもさまざまな疑問が出され、しだいに有効な議論が交わされていきます。もしも自分が担当者だったらということをしっかり想像することは、カンファレンスに参加する上で、大切なことなのです。

この想像力は、心理臨床の実践において、欠かせない力です。クライエントの生育歴から家族とのコミュニケーション、友人とのコミュニケーションの在り方、つまり環境とのかかわり方の理解は、対人関係上のさまざまな反応について追体験できるかどうかにかかわることです。事例検討会に参加していた心理臨床家が、発表者とは違う考え方で、まったく理解が及ばないということがあれば、どういうところからそれを感じていく

かです。違う角度から丁寧に見ているために感じる違和感と、常に自分の見方が一定で視野狭窄を起こしてしまっている場合とがありそうです。後者では、クライエントの立場に身を置いて考えることを困難にするでしょう。

　大学院修士課程では、カンファレンスの場でも「何がわからないかわからない」状態で、疑問が言葉になりにくいのです。それがしだいに言葉としてまとまって発せられるようになるのは、修士課程を修了後専門職として就職したり、博士後期課程になったりしてからかもしれません。そのため私は、指導者として「こんな簡単な疑問でもいいのかな」と臆することなく発言できるカンファレンスの空気感というものも、大切にしたいと思うのです。カンファレンスの場を抱える私たち指導者が責任を負うことと考えます。カンファレンスの運営は、簡単なことではないのです。

　では、定期的に行われる大学や職場以外の事例検討会ではどうでしょう。指導者・スーパーヴァイザーのもとに集まり、その指導を受ける目的があって集う心理臨床家や精神科医らが交代で事例を発表していく方針をとっています。上述のように、その責任者としてのスーパーヴァイザー（指導者）は、重責を感じるでしょうし、多くのコメントを発することになるでしょう。私の体験から考える成熟した検討会は、指導者の意見の前に多くの意見がフロアから出されます。その疑問や意見との応答から、指導者も学びを得て、気になる観点をピックアップしてコメントしているように思えます。

　もちろん、誰も気づかない観点を示せるのも、この指導者の経験知といえるでしょう。ところがその場で起きていることに目をやると、どうも指導者に気に入られたい、優れたセラピストに成長したと思われたいというある種の同胞葛藤のような場面に遭遇することもあります。参加メンバーが共に理解を深めていくというよりも、「私の方が知っている」という感覚に裏打ちされた意見が発せられるのです。

　この「場の雰囲気」について、指導者が柔らかく対応していく様を見ると、私はこの場をとても複雑に思うがゆえに、深い畏敬の念を抱かざるをえません。

　カンファレンス・事例検討会で指導者としてかかわることは、発表者やフロアの参加者として参加するのと同じかそれ以上に、こころを注がなけ

ればならないことなのでしょう。

　蛇足ながら現代の状況から補足しておくと、これらの機微というものはオンライン上ではなかなか感じにくく、対応も難しく感じています。簡便でいく度かのアップデートの末に、ある程度のセキュリティも担保されるようになっているのですが、経験豊かなメンバーで、その場をしっかりと考えながら発表したり発言したりできることが、こうしたオンライン上での検討会を活かすために大切だと思っているところです。

　ここまで述べてきたことについて、さらに髙橋・西（編）（2024）に、別の視点からまとめています。あわせて参照してください。

⑦　まとめとして：大切なことは、いく度か繰り返される

　これまで伝えてきたことから、あらためて私が大切に思うのは、「知らない」「わからない」ということに開かれていることでしょう。これは、本書第1章の冒頭に示したことです。

　この「知っている」「わかる」ということは、実はとても奥深い言葉なのです。私はこれまで心理臨床家として、実践的研究者として40年余を過ごしてきました。経験すればするほど「わからないことだらけ」になります。心理療法の実践では、その「無知との闘い」でもあると感じています。Casementは、「ときおり、治療者は、自らを無知とか無力であると感じるかなり長い時間を持ちこたえねばなりません」（Casement, 1985　松木訳, 1991, p.4）と述べます。そして、Bionが、他の誰よりも個人の中の知らないことにこころを開いておくことの必要性について明確に述べていたといいます。特に、Bionの『ビオンの臨床セミナー』（Bion, 1994　松木・祖父江訳, 2000）では、ブラジリアやサンパウロでのセミナーで、発表者からの臨床ビネットをもとに、Bionが討論していく様子が詳述されています。そのやりとりは、私が読む上ではまるで禅問答のようで、「何を知ろうとしているのか」「誰が知ろうとしているのか」「わからないことは何か」といった問いをめぐって対話が進んでいくのです。セラピストがどうあろうとしているのかについて、まさに自らのこころに自らが問いかけていくかのようにBionが問いかけています。これがセラピストのこころの中の対

話でできるようになっていくことを目指したいと私は思います。

　脳科学からの視点ではありますが、この無知について多角的かつ明晰に一般論として示した書籍である養老孟司の『バカの壁』（養老, 2003）は、あまりに有名です。皆さんも1度は手に取られたことでしょう。「知っている」か「知らない」かの二元論に陥ってしまうことの怖さを教えてくれます。誰にでも「バカの壁」はあると思うことから、わかることに緩やかに導き出されていくのでしょう。

　クライエントは、「自分がわからない」と訴えるのです。セラピストはクライエント自身ではないのですから、「クライエント以上に彼らのことがわからない」はずです。しかし、数年のセラピーを重ねていくと、「わかっているかのように」振る舞ってしまうでしょうし、「わからないこと＝無知」に対して、恥や罪悪感を覚えるのかもしれません。クライエントも成長しています。同様にセラピストも成長しています。よって、わからないことがますます増えてくることだってあると思うのです。そうして、クライエントの方が、「もうだいたい自分のことがわかってきました」ということで、セラピストのもとを離れていくのでしょう。あるいは、さまざまな困難を含んだ面接プロセスを経てこういうところがまだまだと思いますが、ここでの体験を活かして自分で歩いていきますというのも、心理療法体験からくる確かさを感じます。

　私はスーパーヴァイザーとしてスーパーヴァイジーに向き合うときは、そのクライエント像が、スーパーヴァイジー（セラピスト）の報告から想像力を駆使して「どのような人で、どのようなことが問題として浮かび上がってきているのか」を辿っていくのですから、自分自身がクライエントと会うときよりはるかに難しいと思っています。それゆえ、新しいクライエントにスーパーヴィジョンを通して出会うときには、そのセラピストにさまざまな疑問を伝えます。それに答えようとすることで、セラピストが「いまだ理解していなかった」ことに気づき、理解の積み重ねの一助となります。

　ところが、実直なスーパーヴァイジーが、「では今度尋ねてみます」と言うことがあるのですが、「今度ではなくて、関連のことが出てきたときに思い出されたら尋ねることになるでしょう」と伝えています。スーパーヴァイザーの疑問は、絶対必要なことであるかどうかわかりません。た

だ、もしも私がセラピストだったら、このことは早いうちにきっと聴いておくだろうと思ったことが、スーパーヴァイジーへの疑問となります。厳密にいえば、セラピーそのものも、セラピストとクライエントとの組み合わせで進めていくものですから、担当者が異なれば道行きも異なるはずです。

　スーパーヴァイザーの言葉がどこかでセラピストに響くなら、それは、そのセラピーにとって大切な言葉となり、セラピストが言葉にしていくことになりましょう。このような考えなしに、スーパーヴァイザーが、あたかも「知っているかのようにして（理論先行）でスーパーヴァイジーに助言してしまうと、彼らの学びになるどころか、大きくズレたままスーパーヴィジョンが進行していくこともあるのです。スーパーヴァイザーこそが、自らの枠に、スーパーヴァイジーやクライエントをはめ込んでいないかを常に留意しなければなりません。

　さて、心理療法をしていて、このことはとても大切だったのに、うまく返せなかったと思うことがあるでしょう。スーパーヴィジョンの場でもそうした悔やみが出てきます。「これはきっと大切なことだったんでしょうね」という助言をすることもありますが、続けて「でも、きっとこのことが本当に意味のあることならば、また面接で語られるはずです」と添えておきます。

　それは、私がスーパーヴァイザーとしてスーパーヴァイジーに伝えていたのですが、奇しくも私自身が、その後スーパーヴァイザーから同じように言われたことがありました。スーパーヴィジョンの場面で、「どうしてここで気づけなかったんでしょうか」と、スーパーヴァイジーとしては、悔やまれるところです。それでも、大切なことは繰り返されるので、次のチャンスは必ずあるのです。

　もちろん、セラピストの中にわからないこととして、疑問が生き続けていること、ぼんやりとしながらも、どうしてわからないのだろうと思い続けていくことが、良い意味でその繰り返しを誘うと思います。「知ったふりのまま」進めていくセラピーでは、そうしてやってくる機会は、いく度来ても逃されてしまうように思うのです。しかし、曖昧な思いを抱えていくのは辛いものです。それで、どうしても性急に答えを求めてしまうという自覚が重要です。

セラピーでは言うことが難しいですが、スーパーヴィジョンで私は、「このことはきっと大切なことなので、考えてみてください」と伝えることがあります。スーパーヴァイザーとしての私は、こうしてスーパーヴィジョンのセッションから多くのことを学びます。セラピストとしてクライエントから学ぶこともももちろんたくさんありますが、スーパーヴィジョンという場も、こうして熟考してみると、双方の学びの場になっているのです。

第5章

心理アセスメントの訓練において
「伝える」こと

本章は、すでに別稿（髙橋, 2014b）にてまとめていることを念頭に置き、さらにそれに加えて伝えたいことを述べます。

心理アセスメントの訓練には、いくつかのステップがあります。心理療法と異なる点は、心理アセスメントを構成するいくつかの検査があること、それらには、使い方のルールと分析方法の「正解」があることです。それは心理臨床家なら誰でも知っていることといわれそうですが、投映法に視点を置くと、はたしてどうなのかという疑問が浮かびます。

投映法のツールをある程度使いこなしていくと、基礎的な量的分析等の分析はなおざりにされ、テーマや象徴的な解釈が優位になっていきかねないからです。これは、ちょうど本書をまとめていたときに、現役の大学院生から投げかけられた疑問でした。「研究会では、量的分析を扱う時間があまりなくて解釈の時間が多いのですが、量的分析はどこまでも大切なのでしょうか？」といった疑問です。私は、「もちろん大切です」と答えています。

まず基本として、量的分析から総合所見への流れが重要であることはいうまでもありません。加えて私たちの活用しているロールシャッハ法の名古屋大学式技法では、思考・言語カテゴリーからの理解を継列分析として進めようとしたときや、イメージカードからの理解を総合させようとした際には、特徴的な反応に引きずられてしまう可能性があるからと伝えました。つまり、そのような特徴に注目しすぎると、そのクライエントが一体どれぐらいの水準で物事を捉えて理解し、相手に伝えようとしているのか、外圧から身を守ろうとする意味での自我の強さがどれほどかを見失ってしまうからです。

心理アセスメントの訓練は、基礎的な検査技法を学ぶ（学部授業）→ 分析や所見を書くということ：実践的な活用を学ぶ（大学院）→ テストバッテリーの組み方、心理診断の方法、依頼者への所見の書き方、クライエントへのフィードバック方法等：実践現場で使いこなす方法を学ぶ（卒後教育に重要な研修会への参加、個人やグループでのスーパーヴィジョンを受ける）といった流れが一般的でしょう。

私は、1998年から九州大学で臨床心理士養成に携わることになりました。当時は21世紀を目前に控えて、世の中のさまざまなことが新たな出発を迎える予感に満ちていたと思います。心理臨床もまた同様でした。『21世紀の心理臨床』という、恩師である藤山英順名古屋大学名誉教授の退職記念書籍に「心理アセスメントの実践と教育をめぐって」考えていたことをしたためました（髙橋，2003a）。その際に、心理アセスメントに関する学びの流れ図を創案し、その後いく度かの発表や研修会等の際に改訂版を示しながら当該教育について話してきました。次ページに、私がまとめた心理アセスメント教育に関する流れの改編版を図8として示します。

　さて、もう10年近く前になります。2014年テキサス大学オースティン校の臨床教授であるFinn先生を招聘し、京都大学でのシンポジウムを行いました。Finn氏は、「治療的アセスメント」（Finn, 2007）の開発ならびに実践家であり、世界中で多くのトレーニーの育成を行っています。彼との出会いは、私が2011年の国際ロールシャッハ学会第20回大会（XX. International Congress of Rorschach and Projective Methods）において、偶然彼のコンセンサスロールシャッハを活用したワークショップに参加したことに端を発します。さらにそこで再会した橋本忠行先生は、いち早く治療的アセスメントを日本に導入し、実践研修活動を行っている実践家で、現在香川大学で後進の指導にもあたられています。

　2014年3月2日、3日の両日に、京都大学において「Using TA-C to Undo Severe Scapegoating of Children　子どもと家族の治療的アセスメント―スケープゴートからの立ち直り―」という心理アセスメントの研修会を開催しました。Finn氏のいう治療的アセスメントとは、心理アセスメントとそのフィードバック自体がクライエントに治療的に作用することを目指した新しいパラダイムです。心理検査が検査としての機能で終わらずに、クライエントが自分自身についてより深く理解し、問題を解決することを支援する形でフィードバックを行います。近年、子どもや家族に対する虐待、さまざまな暴力を含めたこころの問題が増加している中、これらを理解し、治療的に活用する心理アセスメントのフィードバックについて、実践例に基づいた講演、ワークショップ、事例検討会という充実したプログラムによって、深く学ぶことができました。

　先の橋本先生にも、シンポジウムにおいて、その活動に関する講演と

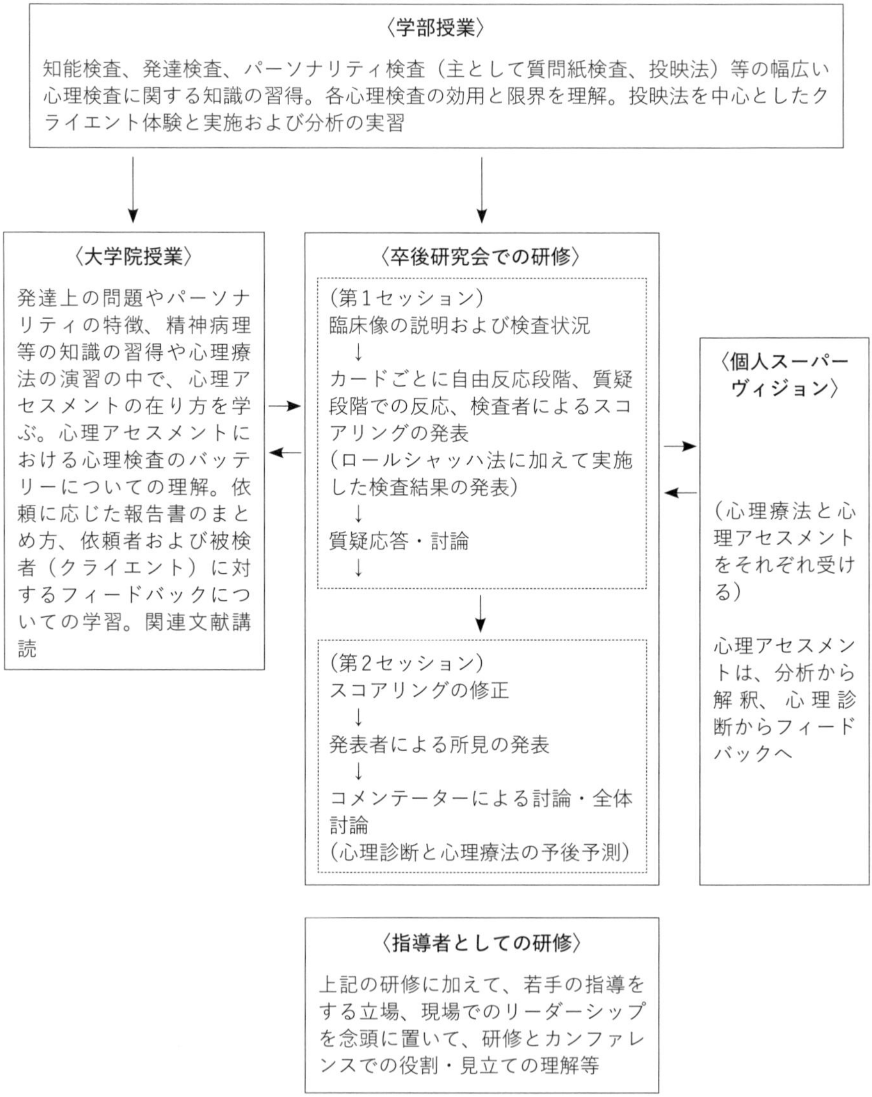

〈学部授業〉

知能検査、発達検査、パーソナリティ検査（主として質問紙検査、投映法）等の幅広い心理検査に関する知識の習得。各心理検査の効用と限界を理解。投映法を中心としたクライエント体験と実施および分析の実習

〈大学院授業〉

発達上の問題やパーソナリティの特徴、精神病理等の知識の習得や心理療法の演習の中で、心理アセスメントの在り方を学ぶ。心理アセスメントにおける心理検査のバッテリーについての理解。依頼に応じた報告書のまとめ方、依頼者および被検者（クライエント）に対するフィードバックについての学習。関連文献講読

〈卒後研究会での研修〉

（第1セッション）
臨床像の説明および検査状況
↓
カードごとに自由反応段階、質疑段階での反応、検査者によるスコアリングの発表
（ロールシャッハ法に加えて実施した検査結果の発表）
↓
質疑応答・討論
↓

（第2セッション）
スコアリングの修正
↓
発表者による所見の発表
↓
コメンテーターによる討論・全体討論
（心理診断と心理療法の予後予測）

〈個人スーパーヴィジョン〉

（心理療法と心理アセスメントをそれぞれ受ける）

心理アセスメントは、分析から解釈、心理診断からフィードバックへ

〈指導者としての研修〉

上記の研修に加えて、若手の指導をする立場、現場でのリーダーシップを念頭に置いて、研修とカンファレンスでの役割・見立ての理解等

図8. ロールシャッハ法を中心とした心理アセスメントの学び方の例

（髙橋, 2003aより加筆、髙橋・鍛冶・高澤, 2018bよりさらに加筆）

ともに事例検討での指定討論をいただくことができました。これらの活動は、京都大学グローバル生存学大学院（GSS）での研究活動費を大学院生のために活用しました。Finn氏の事例も含めたご講演と、参加者による貴重な事例をもとにした討論、加えて大学院生らとの有意義な交流もなされたことを所属講座紀要にまとめています（髙橋, 2015）。それぞれの事例にかかわる守秘義務から、詳細をここで述べることはできませんが、Finn氏のアセスメントのフィードバックは、クライエントが子どもの場合、彼らを主人公とした物語を作成して話して聞かせるというもので、治療への明確な動機づけと、彼らの治療への意欲を信頼したものと思われました。Finn氏の著書の名の通り、クライエントの立場にたって、フィードバックはなされるべきなのです（Finn, 2007）。

　数年後、私は、心理アセスメントの教育訓練はどうあるべきかについてFinn氏らと合同討議ができたらと橋本先生に提案し、企画を依頼しました。先のシンポジウムの成果を踏まえ、同じくGSSプログラムの協力により、2014年7月トルコ・イスタンブール大学で開催された国際ロールシャッハ学会（XXI. International Congress of Rorschach and Projective Methods）において日米シンポジウムが実現したのです。日本と米国での心理アセスメントの基礎教育と、心理臨床活動における実践的教育の在りようについてグローバルに検討し、こころの安全・安心にかかわる諸問題の理解にいかにして寄与しうるかについて、発展的な提言や討論が行われました。

　このシンポジウムで私は、皆藤章名誉教授を中心として所属講座内で討議を重ねてきた、心理臨床スーパーヴィジョン学における「臨床性（clinicality）」（髙橋, 2014a）の重要性を主張しました。そこで、Finn氏から重要なコメントをいただきました。このシンポジウムについては、後半で詳述します。

　第2章の冒頭に述べたことですが、「こころの治療や支援、とりわけ心理療法に寄与しないような心理アセスメントをすることはない」と、誰もが思って実践をしているはずです。ところが、多忙な臨床実践業務の中で、ルーティン化して実践している場合も少なくないのが現状です。多くの研修会には、そうした日々の業務を省みて、あらためて学びの機会を得ようとする心理臨床家が集っています。

2 心理アセスメントのスーパーヴィジョンについて

　繰り返しになりますが、心理臨床実践現場で行われる「見立て」は、心理療法の導入期において必須の作業です。アセスメント面接はもちろんのこと、心理検査からの検討も極めて重要です。クライエントの負担を最小限にして最大限の理解を得るために、テストバッテリーをいかに組んでいくかは、私たちの訓練の重要なポイントになります。テストバッテリーの組み方だけではなく、その施行順についての柔軟な判断は、経験によって培われるところが大きいのでしょう。

　そして「見立て」の作業において重要なのは、病態水準の理解と同時に、生育歴を踏まえたパーソナリティの特徴、家族関係理解です。本書第2章でも述べたように、私自身の心理臨床実践活動において、家族をどう理解し、クライエントの支援や治療にそれをつなげていくかという点に着目をしています。

　私は、若手の先生方との心理アセスメントに関する検討会や、各地での事例検討会に招聘を受ける機会が多くなり、心理療法の導入やかかわりの困難な事例から多岐にわたる問題理解を求められるにつけ、私自身さらなるスキルアップと研鑽を積む努力が必要だと感じています。

　第4章で述べたように心理療法の訓練において必須といわれているスーパーヴィジョンが、多種の方法で実践されている一方で、心理アセスメントにおけるスーパーヴィジョンは、いまだ十分活用されているとは言いがたい現状です。臨床実践経験のある臨床心理士が、独自の方法で実践しているところに留まっているようです。臨床心理士の育成において重要な課題である「スーパーヴィジョン」の問題は、より一層現代の心理臨床領域において喫緊の課題となるでしょう。とりわけ心理アセスメントの実践力、臨床力は、大学院までの基礎教育では到底養成できるものではありません。それゆえ、「心理アセスメントのスーパーヴィジョン」についても、いよいよその体系化が求められるときとなっています。

　特に、大都市を抱える都府県よりも、地方の県や市での研修会に参加して耳にするのは、「心理アセスメントの専門家研修」や「心理アセスメントのスーパーヴィジョン」への高いニーズであり、その機会がなかなか

得がたいということです。これはおそらく、心理療法のスーパーヴィジョンと同様かもしれません。それでも心理療法のスーパーヴィジョン研究については、開発段階ではあるものの論考が進められてきています（藤原, 2005; 髙橋, 2014a; 皆藤, 2014 他）。

　他方で、心理療法の方針を決定する上で必ず行われるはずの心理アセスメント（面接や観察等心理検査を含まない行為も含む）のスーパーヴィジョン研究については、わずかに書籍の1章分や論文として散見されるのみで、体系的なスーパーヴィジョンシステムの構築には、ほど遠い段階といえます。

　こうした状況は学術的観点から見ても、現行の臨床心理士養成においても不十分といわざるをえません。したがって、現代のニーズに応えうる心理アセスメントのスーパーヴィジョンについて検討を重ね、その訓練の在りようについて提言をしていくことは、心理臨床実践現場からの要請と考えます。加えて、私は日本ロールシャッハ学会のかつて教育・研修委員会委員長であり、現在会長という立場から、初心者の研修の必要性と同様に指導者の養成にも力を注ぐべきであると主張してきました。

　そこでまず、心理アセスメントの訓練の1つであるスーパーヴィジョンに関する基礎的調査結果を示しながら、私の教育経験、専門家への研修会講師としての経験を踏まえ、訓練プログラムについて提言をします。

3　心理アセスメントのスーパーヴィジョンに関する基礎調査結果

　私は、心理アセスメントのスーパーヴィジョンに関して実態把握の必要性を鑑みて鍛冶・高澤と共に心理アセスメントのスーパーヴィジョンについて、基礎的なアンケートを実施し、その結果をもとに、2017年国際ロールシャッハおよび投映法学会のパリ大会において発表を行いました（Takahashi, Kaji, & Takazawa, 2017）。さらにこれを踏まえて、所属講座の紀要、心理臨床スーパーヴィジョン学に研究報告としてまとめを掲載しました（髙橋・鍛冶・高澤, 2018b）。

　その後、別の学会研修会においても追加の調査を行い、得られた追加データを長谷綾子氏の分析協力を得てまとめ直しました。ここから私が現

在考えているところを当該データ分析結果とともにまとめます。

　さらにロールシャッハ法使用に関する実態調査を、日本ロールシャッハ学会と包括システムによる日本ロールシャッハ学会の会員を対象として、2020年10月1日～31日の期間、Google FormによるWebアンケートを実施しています。その内容は、①基礎データ（年代・所属学会、依拠するシステム、ロールシャッハ通算試行件数など）、②使用状況（主な臨床領域と施行目的、月ごとの施行件数、主なバッテリー検査など）、③ロールシャッハにかかる時間（施行・スコアリング・解釈・所見のそれぞれにどのくらい時間がかかるか）、④ロールシャッハ教育の状況（実践前の教育あるいは現在の研修機会、教育研修活動の状況、スーパーヴィジョンの状況など）と幅広いものです。この結果は、両学会のホームページから会員限定で閲覧可能となっています。

（1）現状調査概要

　それでは、私が主体となって実施したアンケート調査についての概要を記します。

　期間：2017～2018年。

　対象者：心理アセスメントに関する研究会、研修会参加者160名
　　　　　　（研究代表者が講師等で関与した研修会から協力者を募りました）

　①性別内訳：男性31名、女性127名、未記入2名

　②対象者の経験年数：10年以内99名、11年以上は58名、（特に20年以上
　　20名）、未記入3名

心理アセスメントのスーパーヴィジョン経験について

　次にスーパーヴィジョン経験有りと回答した協力者に対して、心理アセスメントに対する個人スーパーヴィジョン、またはグループスーパーヴィジョンの経験についての詳細は、先述の髙橋・鍛冶・高澤（2018b）に2017年度調査結果をまとめています。

　ここでは、これまで受けてきたスーパーヴィジョンの内容と「スーパーヴィジョンはどう在るべきか」という理想を協力者全員に尋ねているので、その比較を示してみます。なお、上記の協力者のうち、スーパーヴィ

ジョン経験を有する協力者は102名、経験無しは56名、不明は2名でした。「スーパーヴィジョンはどう在るべきか」については、これまでのスーパーヴィジョン経験の有無にかかわらず尋ねていますので、母数が異なります。よって、それぞれの割合（％）の比較という形で示します。

スーパーヴィジョン経験と「理想の在り方」についての比較検討

　図9-1はスーパーヴィジョンの頻度についてまとめています。結果からは、月に1回程度が理想とのことでしたが、1回の時間をどう設定するかということもあります。図9-1から図9-3については、すべて縦軸は割合（％）になります。

　図9-1と合わせて見てみると、通常の心理療法のスーパーヴィジョンは、45分から1時間ということが多く、それを超えることは推奨されていません。それは、心理療法の実施時間枠をしっかり守るという理念との一致といえましょう。心理アセスメントのスーパーヴィジョンは、そこが大きく異なるところと考えます。分析から報告書の作成、クライエントへのフィードバックまでの検討は、45分から1時間では難しいと考えられるからです。したがって、この結果からは月に1回程度で（検討素材となるケースの厳選をして）1回、90分程度が望ましいということになります。

　そして、図9-3で示している「スーパーヴィジョンの継続期間」については、予想通り1年程度では習熟困難という結果です。同じスーパーヴァイザーに同じ形態で続ける必要があるかどうかは詳細な検討が必要ですが、少なくとも5年から6年以上の訓練経験が必要と回答されているところは、重要なポイントです。

　最後に、心理アセスメントのスーパーヴィジョンの内容について、実際の経験と「理想の在り方」を尋ねた結果について示します。図9-4に、スーパーヴィジョンの内容として希望することをまとめています。この質問項目は、複数回答を可としているので、縦軸は答えた人数を示しています。結果から、特に検査としてはロールシャッハ法の分析について、心理検査の分析や所見の書き方やフィードバックに関するスーパーヴィジョンの必要性を高く感じていると読むことができます。

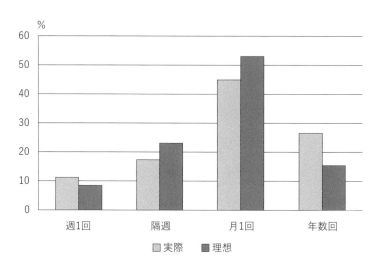

図9－1．心理アセスメントのスーパーヴィジョンに関する実際と理想の在り方（頻度）

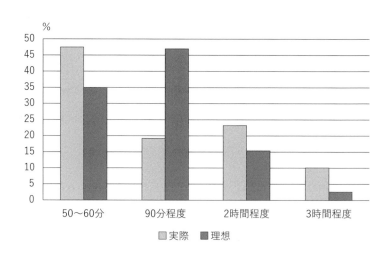

図9－2．心理アセスメントのスーパーヴィジョンに関する実際と理想の在り方（時間）

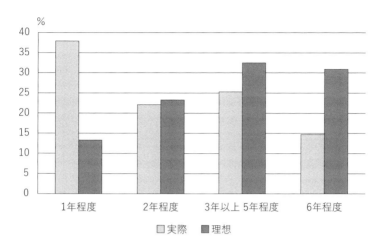

図9-3. 心理アセスメントのスーパーヴィジョンに関する実際と理想の在り方（期間）

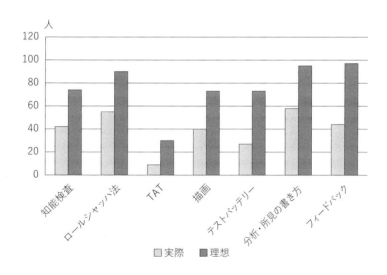

図9-4. 心理アセスメントのスーパーヴィジョンに関する実際と理想の在り方（内容）

（2）心理アセスメントの訓練ステップに関する提言

　この基礎データは、2017年国際ロールシャッハおよび投映法学会における口頭発表を行ったもの（Takahashi, Kaji, & Takazawa, 2017）をベースとして、追加データを含んだ分析です。本章のはじめに記したように、2014年の国際大会において私は、心理アセスメントの教育システムに関する米国と日本との合同シンポジウムを行っており、それを受けての基礎調査でもありました（Hashimoto, Takahashi, Martin, Kawamoto, Nishio, & Finn, 2014）。

　この合同シンポジウムで私からの提言について、Finn氏に指定討論をいただいた内容は次のように要約できます。「本来心理アセスメントの教育には、まず正確にデータを読むことが重要視され、それに多くの時間を要することになる。それゆえ、その後のクライエントらへのフィードバックといった本来臨床実践で重視されることについて、教育システムに組み込まれにくい現状がある」。

　このシンポジウムでは、若手の指導者（河本緑氏）やスーパーヴァイジーの立場からの提言（西尾ゆう子氏）を受け、私からは、臨床実践指導学講座で注目している「臨床性」を心理アセスメントの教育にも活かすべきとの提言を行いました。Finn氏からのコメントには、その感覚を国際的にも拡充していく必要性を受け取っていただけたと理解しています。そしてFinn氏自身が、そのフィードバックの治療的有効的な在り方を世界中に発信し続けています。

　これらのコメントと上記にまとめた基礎調査から、心理アセスメントのスーパーヴィジョンは、頻度は高くないものの、長期にわたる個人でのスーパーヴィジョンを希望する心理臨床家が多いことが理解されました。図9-1、図9-2のコメントとしても記載しましたが、心理療法では、1セッションの面接を1セッションのスーパーヴィジョンで検討します。しかし、心理アセスメントのスーパーヴィジョンにおいては、複数の心理検査によるテストバッテリーが組まれていれば、それぞれの組み合わせや施行順、またフィードバックの在りようも検討することになります。そのため心理療法のスーパーヴィジョンよりも長時間での検討または、1事例の心理検査について、数回に分けてスーパーヴィジョンをすることが考えら

れます。

　心理療法とは異なり、心理アセスメント（とりわけ知能・発達検査やロールシャッハ法）の分析にかかわる初期教育には明快な正解をもつスコアリングが存在します。それゆえ、正解を正しく伝える教育やスーパーヴィジョンも必要なのです。その後のステップとして、ロールシャッハ法を例にあげれば、反応継起の分析や内容の分析などの質的データも含めてどのように解釈し、所見にまとめるかといった心理療法と同質の「臨床性」を重視したスーパーヴィジョンも必要になってくるのです。

　冒頭に示した図8の心理アセスメントの学び方について再度取り上げてみます。これはもともとロールシャッハ法の学びについて検討をしていた際に考案した学び方の流れですが、スーパーヴィジョンという視点を重視してその指導者の視点も加味し、加筆修正を行ったものです。

　私の所属している心理アセスメントに関する研究会のメンバーの多くは、大学院在籍中の大学院生よりも修了後にセラピストとして各所で実践を行っている心理臨床家です。実際に心理臨床実践現場に出てみると、その体験から研究会等での「卒後教育」の必要性を重く感じて参加されています。各地での研修会の参加者も同様に感じています。つまり、専門性が活かされる現場に出た途端、基礎から応用への展開が求められるのでしょう。

　これらの検討から、図10のような3つのスーパーヴィジョンのステップによって、参加者としての学びから指導者としての学びへの発展性を見る

---

①大学院修了後、専門家としての初心のグループによる研究会（またはグループスーパーヴィジョン）での発表

②次のステップとして（同時並行も可）、複数の心理検査のスコアリングやテストバッテリーにかかわる高度な指導、心理診断（見立て）、フィードバックについて、個人のスーパーヴィジョンを受ける。あるいは、少人数グループでの検討

③上記を取得したメンバーにより構成される、グループスーパーヴィジョン。これは、指導者養成も兼ねる

図10. スーパーヴィジョンの3つの研修ステップ

ことができます。これは、先のTakahashi, Kaji, & Takazawa（2017）ならびに、所属講座の紀要、心理臨床スーパーヴィジョン学に報告したものです（高橋・鍛冶・高澤, 2018b）。

　図10の①および②は、すでに私が体験しているものですが、③については、本基礎的調査からは飛躍が見られる発想と思われるかもしれません。それでも実際、心理療法のスーパーヴァイザーらが集って検討する学会もありますし、また、現在所属している臨床実践指導者養成コースでのスーパーヴィジョンの検討がこれにあたります。

　ここで示したのは、心理アセスメントの教育をめぐるシンポジウムから、心理アセスメントのスーパーヴィジョンにかかわる基礎的データの分析、研修会等での講師経験からの考察としてまとめたものです。私が実施した基礎的データに関しては、協力者が少ないもので、十分な考察素材とはいえません。それでも、おそらく長年、心理アセスメントのスーパーヴィジョンについて発信し続けたことが、その後、先述した学会規模での調査につながる端緒になりえたのなら幸いと思います。

　私がはじめて、心理アセスメントの訓練について発信したのは、本章の図8で示した学びの例示をした「心理アセスメントの実践と教育をめぐって」（高橋, 2003a）になります。当時、九州大学の大学院教員として在籍中で、心理アセスメントの基礎教育や大学院生らとの研究会、スーパーヴィジョンに携わっていました。2009年に京都大学での現職に異動してからは、さらにスーパーヴィジョンに関する研修会に参加することが多くなりました。

　そして、2014年の国際ロールシャッハおよび投映法学会でのシンポジウムをはじめとして、第79回臨床心理士研修会「『家族支援』の現場を支える－家族の心理アセスメントとスーパーヴィジョン」（2015年、新潟）、第35回日本心理臨床学会教育・研修委員会企画シンポジウム「大学院生の教育におけるスーパーヴァイザーの役割を考える」（2016年、横浜）、日本ロールシャッハ学会第20回大会ワークショップ「心理アセスメントによる家族関係理解―投映法を中心としたスーパーヴィジョン―」（2016年、東京）、日本ロールシャッハ学会第21回大会ミニ・シンポジウム「これからの心理アセスメント教育を考える」（2017年、札幌）といったところから、本章であげた基礎調査に発展していったのです。その後もさらに多くの研

修会において、ライブスーパーヴィジョンのスーパーヴァイザーや、シンポジウムの指定討論などで発信をしてきました。

　これらの流れは、2019年度以降、日本ロールシャッハ学会の教育・研修委員会で取り扱う大切な問題として継承されてきており、学会主催の全国研修会や学会大会で開催されるワークショップにおいて、その1コースに指導者養成のコースを設置して、心理アセスメントの教育・訓練、スーパーヴィジョンについての検討を行っています。

　繰り返し述べてきましたが、初心者向けの心理アセスメントの講座の充実とともに、指導者養成の講座の充実の並走が大切と思います。きっと、心理療法でも同様のことがいえるのでしょう。提言した訓練のステップを考えるのであれば、スーパーヴァイザーらの集うシンポジウムの開催などを企画立案し、教育訓練プログラムについてのさらなる検討を進めていきたいと考えています。

④ まとめとして：
心理アセスメントのスーパーヴィジョンで「伝える」こと

　本章では、髙橋（2014b）の内容とは観点を変えて、心理アセスメント教育におけるスーパーヴィジョンの必要性についてまとめてきました。最後に、現在心理アセスメントのスーパーヴィジョンを実践する上での、「伝える」ことについての考えをまとめます。

（1）想像力について

　心理臨床実践は、心理療法に関しては特にセラピストの想像力が大切といわれています。「患者から学ぶ」という言葉が久しく伝えられてきているように、私たちが、クライエントに何かを与える、何かを変えさせるという仕事とは異なる立ち位置にいるからだと思います。丁寧にプログラムされた治療にセラピストとしてかかわっていく上では、個人のこころの作業は不要なのかもしれません。それでも、「何かおかしい」とか、「通常ならこのまま軽快していくはずなのに」、といった疑問や違和感に敏感にな

る必要はあるでしょう。

　私は、精神分析的精神療法的アプローチを念頭に置いているし、また心理検査としても投映法から多くを理解したいと思っているので、その想像力はより必要となります。心理アセスメントのスーパーヴィジョンにおいても、はじめにスーパーヴァイジーに対して、依頼を受けたときの感覚、印象といったことを尋ねます。これは、次回に検査をする者として挨拶をしたときのクライエントの振る舞いと、依頼者（多くは患者の主治医）からの病歴や現在症の概要を聞いたことと一致しているか、どこかに違和感があったかなども含みます。十分に五感を駆使しながら、心理検査という道具を使いこなしていくのは、本書で一貫している「技の伝授」に近いのだと思います。

　ロールシャッハ法を例にあげます。私は通常行っている大学での研究会において、まずⅠカードを見て、そこから予測されることを検討し合います。これはスーパーヴィジョンでも同様です。Ⅰカードは予測カードともいわれ、その後出てくるクライエントの防衛の在り方を含め、パーソナリティの特徴が仮説となって現れるのです。私はここに、第1章で引用した前田（2020）のいう「一行目の意義」を想像します。最初のカードに無意識的に表現された本人のパーソナリティ特性が、外的刺激の変容によって、受け止め方やこころの守り方がどう変化していくのかを追っていきながら、検討していきます。

　その際、カードを受け取る様子や話し始めの言葉にも注目します。カードを手に持って検査者の様子をうかがいながら、「もう話していっていいのでしょうか」「これは回転してもよいのですか」と質問を発するクライエントがいます。他方で、いきなり「○○○○に見えます」と言って、すぐにカードを伏せてしまうクライエントもいるでしょう。そこでの様子は、このクライエントの特徴を検査者に見せていることと受け止め、スーパーヴィジョンや研究会で「見立て」のはじまりを話し合うというわけです。補足すると、次のⅡカード、Ⅲカードは、赤色の混じった刺激的なカードです。その赤への反応やひとへの言及も含めて、ここでまたいったん話し合いをします。実施法では、Ⅲカードまでは励ましができるので、一問一答の反応であれば、そこで「他にはどうですか」という声かけをしてみてどうであったか、Ⅰカードでの予測がどのように変化したかを話し

合います。続いて、Ⅳカードから Ⅶカードまで、陰影による影響が強い カードを見ていって、同様に検討します。最後は、ⅧカードからⅩカード の多彩色図版、つまり刺激の多い外界に対してどのような反応をしている かを検討するのです。これは、同時に反応継起を見ていることにもなりま す。スーパーヴィジョンでは、最初にこの流れを丁寧に見ていく様を示し ておくと、次のスーパーヴィジョンでは、この流れで見た結果の報告から 話されるようになります。

　そして前述のように、量的分析、最後にテーマとなっている事柄などに ついて話し合います。さらにフィードバックとなると、やはり1度のスー パーヴィジョンで1事例の検討ができるかどうか難しいところです。初心 のスーパーヴァイジーの場合は、まずこのカードの特徴からどう反応して いくかを見て、全体の量的分析を見るという作業を丁寧に行いたいと考え ています。これについては、次の (2) で詳述します。

　経験のある心理臨床家は、これらをまとめた所見やフィードバックの工 夫についてスーパーヴィジョンに持参されるので、全体を読み上げても らった後に早速その検討に入ります。

　実践現場では、テストバッテリーを組んで実施することがほとんどです から、依頼の目的に沿って、どの道具（検査）が最も適しているのか、何 から順番に示していくのが効率的かという感覚も大切です。スーパーヴィ ジョンや研究会では、「施行順はどのようになっていますか？」、そして 「なぜそのようにされましたか？」と問うことからはじめます。「この機関 では、これらをすることになっているからです」というだけの回答では、 施行者の発達が見込めません。たとえ所属機関の検査セットといわれるも のがそうであっても、入職時に、「なぜこのセットなのですか？」と、上 司に確認する勇気が必要です。それが納得のいくものであれば、しばら く徹底的にそのルーティンをこなすことで、クライアントの水準の違いに よって、投映法に現れる結果の違いをしっかり学ぶことができるでしょ う。

　指導者としても、想像力はより広く使う必要があると思います。スー パーヴァイジーとその向こう側にいるクライアントが、どのような現場で 出会っているのか、依頼者との関係はどうであるかなども含めた理解のた めです。そうでなくて、どのようなスーパーヴァイジーがやって来ても、

同じような指導しかできないと、スーパーヴァイザーの枠組みだけで、スーパーヴィジョンの場を支配してしまう危険性があるでしょう。

(2) 所見の書き方について

　ここにも、先に伝えたことが活かされてくるはずです。テストバッテリーから多角的に理解する上で、実施順に、クライエントが一体どのようなパーソナリティか、加えて発達の偏りや問題はないのかといった点について、仮説を立て立証させていく流れと反証素材も見逃さない姿勢です。よくある例では、最初に導入したバウムテストではかなり現実検討能力が低下しており、自我水準も低く混乱がうかがえる場合でも、文章完成法（SCT）では丁寧な字で課題から外れることなく記載されているような場合です。第2章であげた、投映水準によって映し出されるこころの層が異なるわけです。それをもとに次に登場するロールシャッハ法での反応の流れのどこにそれらが現れるかを精査していくと、それが多角的な分析が可能になるわけです。

　多くの先達が、「まずはローデータを繰り返し読むこと」を推奨していました。私も、ロールシャッハ法の分析に入る前に、Ⅰカードから順番にⅩカードまで繰り返し見直すことを勧めます。ここで、こういう反応を語る気持ちという、クライエントのこころの反応や抗いといったところを想像しながら「追体験」ができるのです。

　その後にスコアリングをしていき、量的な分析をします。最後はもちろん反応継起に従って、どのように刺激からこころを護ろうとしているかを見ていくのです。

　ここで重要なのは、ロールシャッハ法での量的分析を丁寧に見直すことです。前節で添えたように、残念ながらスーパーヴィジョンの時間内にそのスコアリングや集計を扱うことが難しく、どうしても全体の流れや継起分析をしながら、上記の仮説をもとに組み立てて行かざるをえません。そうしたときには必ず、スーパーヴァイジーに今一度スコアリングの見直しと、量的分析から理解した内容を捉えておくように伝えています。

　さて、こうして分析が完成したら、所見をまとめるわけですが、最も重要なことは、クライエントにかかわる主治医をはじめ他職種スタッフにわ

かりやすく記載するということです。スーパーヴァイジーの持参する所見を見ながら、それが明瞭でない場合は、伝わりやすい言葉をともに検討します。

　もちろん欠かせないのは、依頼目的にかなった所見が作成されているかということです。診断の一助としてという目的を受けて心理検査を実施した場合は、心理的診断、見立てが記載されていることです。私たちができる重要な作業は、パーソナリティの特性、可能な限りの病態水準の理解、そして治療方針としての提案ができることと考えています。

　学びはじめのスーパーヴァイジーには、所見に書くべきパーソナリティ特性について、たった1つの特徴でも見出せたらいいと伝えています。それをもとにして、心理療法を導入する際にはどのような注意が必要なのか、クライエントの抱えている対人関係特性からどのような治療関係が展開されそうかということを考えます。

　これらのことが書かれている所見は読みやすく、他職種のクライエントの理解を促しますから、また次の依頼も受けることになり、ひいては専門職としての立場の向上につながっていくのです。

（3）アセスメントのフィードバックについて

　第2章でも述べたように、これが心理アセスメントの最も重要でありながら、困難な作業といえます。依頼者へのフィードバックは、上記の所見で伝えられます。クライエント本人へのフィードバックでは、そのうちの治療協力が得られやすい大切なポイントをもとにして、より消化しやすく伝えていきます。

　その際に大切なのが、受け取り手がどのような感じを抱くのかという「想像力」に再び戻ります。先述したように、それとなく気づいていることだけれど、あらためて考えることはなかったような自らの特性について、うまくフィードバックできるように考えてみます。痛いところを最初から指摘してしまうと、「もう二度と心理の先生と会うのはいや」と言われかねません。それが的をえた結果であったとしてもです。確かな理解であっても、それを「あなたに言われたくない」と思わせてしまうかどうかが、所見を伝えるときの大切な心構えです。共に問題を考え、理解してく

れるひととして立ち現れているのか、クライエントを見下した印象を与えていないか、検査者自らを省みる力が必要です。

心理検査の結果と、導入面接の様子、観察のすべてから得た理解を総合して、いかにしてフィードバックを活用し、心理療法に展開させていくかを私は考えています。スーパーヴィジョンを請け負った場合は、来訪したスーパーヴァイジーが、今はたとえ検査のみの業務であったとしても、もしも心理療法を勧めるとしたらという視点を添えることで、当該クライエントに対する対人関係理解は促進されます。

最後に、西平（2019）の『稽古の思想』から引用してまとめてみます。西平は、「稽古」と「練習」について、私たちに熟考を重ねさせます。「練習」は「教える－習う」の関係として、ひたすら繰り返されるのに対して、「稽古」は「教えない」。コーチのように手取り足取り説明しない。弟子は、師を模倣して、あるいは芸を盗んで会得していくようです。

そう考えると、心理アセスメントの訓練は最初のスコアリングといった「練習」を積んだ後に、依頼者に向けてどのような形で所見を提出すれば、クライエントにとってより良いセラピーが受けられるかを熟考しながら「見立て」をまとめていくのでしょう。とりわけクライエントへのフィードバック面接をいかに進めるかについては、スーパーヴィジョンによる「稽古」を重ねていくことになります。

私は、スーパーヴィジョンは「伝える」だけではなく、語り合い検討し合う場でもあると思うのです。そして何より大切な「稽古の場」なのです。さらには、訓練も技術や技を磨く「修練」と置き換えた方がよいようにも思えてきました。

それほどまでに、私たちの学びの道は単純ではなく、常に「私」と向き合いながら、腕を磨いていくのです。

付記
心理アセスメントのスーパーヴィジョンに関する基礎調査については、研究代表者高橋靖恵による科学研究費補助金・基盤研究（C）「心理アセスメントにおけるスーパーヴィジョンシステムの構築」（2017年度〜2020年度）の一環として進められた研究の一

部です。本論における研究では、連携研究者として、高瀬由嗣氏（明治大学）、橋本忠行氏（香川大学）、研究協力者として、鍛冶美幸氏(現在文教大学)、高澤知子氏（現在専修大学）、長谷綾子氏(現在香川大学、研究当時は、この3名の先生方は京都大学大学院臨床実践指導学講座所属）の協力を得ました。本基礎調査にご協力いただいた、各地の臨床心理士、または臨床心理士を目指す大学院生諸氏に深謝申し上げます。

おわりに

　本書のおわりは「2021年度臨床実践指導者養成コース研修会　2020年度サヴァティカル報告」として、すでに『心理臨床スーパーヴィジョン学』第8号に掲載した特別寄稿をもとにまとめをします（髙橋, 2023）。そして、この後の自らの（おそらくは私にとって最終の）テーマである「心理臨床における『時間と言葉』」に続く形で結びたいと思います。

はるか昔……私と音楽

　私は思春期の頃、ブリティッシュ・ロックなるもの、とりわけプログレッシブ・ロックという音楽をよく聴いていました。たぶん、読者の皆様にはあまり耳慣れない言葉でしょう。なかでも私がこころ惹かれていたのは、「Emerson, Lake & Palmer」と「yes」です。クラシック音楽とロックを融合させ、オーケストラとともに演奏するところに魅力を感じていたのでしょう。前者の代表的なアルバムには「展覧会の絵」があります。文字通りクラッシック音楽との融合です。最後は「くるみ割り人形」まで出てきます。若い人たちにはなじみのない「LPレコード」で、すり切れるほど聴いていました（今も紙ジャケットのCDで聴いています）。私自身が鍵盤楽器をたしなんでいたため、この両者には天才的にキーボードを操るアーティストがいて、パイプオルガンの音や当時では珍しいシンセサイザーの音に聴き入っていました。今聞いても新鮮な感動を覚えます。「yes」の楽曲に「時間と言葉（Time and a word）」があります。私は、そのタイトルもですが、当時斬新であったオーケストラを導入しロックに聴き惚れていました。

　しかし、それから半世紀近く経ったいま、なぜこの「時間と言葉」をあげようとしたのかということについてですが、それはおそらく私の無意識に深く沈んでいたword（言葉）であったと感じるのです。

　本書ですでにいく度か述べたように、私は、京都大学大学院教育学研究科・臨床心理学講座にある臨床実践指導者養成コースに所属しています。

そこで、臨床心理士の指導者養成を行っています。そのコースでは、第1期生から現役生までが集う研修会を毎年開催してきました。しかしコロナ禍でなかなか開催できず、2021年度はハイブリッド開催となりました。私は、ちょうどそのコロナ禍に突入した2020年度に、長年切望してきた「研究専念期間（サヴァティカルイヤー）」の取得を認められました。「不運にも」コロナ禍ということで、海外研修も国内での移動すらままならない年となってしまいました。しかし、これまでの実践活動のまとめをすべく、何とか1年努力を重ねてきました。それでこの研修会の中で、「サヴァティカル報告」をとの依頼を受けたのです。さてどういう切り口で講演をしようかと思案していたある日、朝目覚めたら「時間と言葉」が出てきたのです。夢とうつつの間に浮かんできた言葉でした。

　この「時間と言葉」は、もしかすると私が思春期の頃から追いかけていたキーワードが、心理臨床家になって形になろうとしているのかもしれない……そう考えました。このところの、コロナ禍と世界平和を乱す哀しい出来事に胸を痛め、しばらく音楽から遠ざかっていましたが、急いでその朝に紙ジャケットのCDを探しました。あらためて「yes」をはじめかつて集めたCDを聴いてみると、多くの音楽が世界平和を訴えたりひとの生き方を問うていたりするのが理解できます。コロナ禍にも、多くのアーティストが、彼らの主張を楽曲に乗せて、世界中の人々に向けて発信しているのです。

　哀しいことですが、今こそこうした音楽が、「時間や人との対話を大切にしていない人々」に向けて発信されるべきでしょう。ある著名な作詞家でありミュージシャンである方が、「愛の歌は誰かに向けて作るもので、不特定多数に向けて作ることはできない」と言われ、他者から請われて創作する楽曲、つまり「流行歌」を作ることに強く抵抗されたと聴きました。あらためて、先の2組のアーティストの音楽は、彼らなりの主張や届けたい人を思いながら作られたのだろうと考えます。

　「時間と言葉」は、ありとあらゆる領域において、大切にされるべきことでしょう。もちろん我々の領域においても同様です。私は、自分自身のサヴァティカル期間を含む新たな訓練プロセスの中で、これまでなかなか言葉になりにくかったさまざまな心理臨床事象について、まとまりをもつまで待つことができるようになりました。しかし、それぞれの事象につい

て、どうして頭に浮かぶのか、あのときのことがなぜ、「あのとき」ではなく「いま」なのか、その時間の経過は何を意味するのだろうかと、考え続けています。

心理臨床家を志して

　私の心理臨床家としての学びのはじまりは、現象学、人間学でありました。先述した故村上英治名誉教授の立場がそうしたところにあり、京都学派といわれるものになじみがありました。恩師の盟友である木村敏先生による招聘で、Blankenburgとの対談をライブで拝聴した記憶が残っています。木村先生の理論は、周知のようにHeideggerの時間理論に影響を受け、精神病を抱える人々の時間感覚について、独自の理論を打ち立てています。その学びから私は、「時間」に興味をもち、統合失調症を抱える人々との面接も重ねてきました。時を経て私は、彼らの「生きている時間」の感覚とは少し角度を変えて、面接における「私たちの時間」を考えたいと思いはじめました。

　そしてそれは、スーパーヴィジョンでも感じていました。別室においてライブで面接を聞きながら、即時にインターフォンですぐにスーパーヴィジョンをする特殊な設定をもった学派以外は、ある一定の時間をおいて、スーパーヴァイザーとの対話をします。その時間経過は、面接の内容をどのように変形させて届けることになるのでしょうか。第3章でも記したように、面接直後にプロセスノートに記録しているときには気づかなかった事柄が、スーパーヴィジョンを受けている途中でふと浮かんでくることがあります。それは、どうしてその場にやって来るのでしょうか。

　この「時間を超えて私たちの面接にやって来る事柄」についての考えるヒントは、あるセミナーにおける松木邦裕先生の講義から「治療者の事後性」という術語を聴いたことにありました。これは自分にとって、当時探し求めていた重要なキーワードだったので、セミナーのノートは大切に手元に置いてあります。この「事後性」について詳細に検討したのが、Breen（2003）でした。私が実際の心理療法において、行き詰まりを感じてもがいていたときに私に浮かんできた「風景」（事後性を帯びた感覚）から、心理療法での意味を感じ取ることができたのです。数年前のことです。その面接プロセスをまとめたのが髙橋（2022a）なのです。

サヴァティカル期間と新型コロナウイルス蔓延

　私にとって念願叶って取得した、サヴァティカル期間でした。しかし、冒頭にも触れたように、スーパーヴィジョンをめぐる検討のために計画されたさまざまな海外出張は、新型コロナウイルスの蔓延でキャンセルとなりました。サヴァティカル期間後の2021年も国際学会に参加予定でしたが、延期の上、オンライン開催となりました。私は、訓練精神分析的精神療法だけではなく、スーパーヴィジョンも含めて各地を移動したかったのですが、コロナ禍で一部オンラインになりました。そして最も辛い体験は、遠距離での臨床活動を「排除される」ことでした。患者さんも私も「会いたい」のに、「来ない方がよい」と言われる辛さです。COVID-19という未知のウィルスとの闘いは、そのはじまりにおいて、人々の行動を制限するしかなかったのです。私は、患者さんに顔向けできないふがいなさを感じていました。そこで浮かんだのが、この新型コロナウイルスが、「私とあなたの間に立ちはだかる未知なる『第三者性』という感覚」です（髙橋, 2021b）。それでも、自分自身の「今回の訓練」の最終段階にできるようにしたいという気持ちは薄れることはなく、ある意味決死の覚悟で各地を移動しました。

　このサヴァティカル期間で先述の事後的な感覚が、自分の中でどう変化するか、スーパーヴィジョンではどうなのか、面接ではどのように浮かび上がるのかと思っていました。そしてスーパーヴァイザーの立場からスーパーヴァイジーにこの感覚を伝えていくのは、「セラピーを受けるように言えばよい」というものでもないだろう、と考えていたのです。スーパーヴァイザーとして、この感覚をどのようにしてスーパーヴァイジーに伝えられるのでしょうか。このような事後的な感覚は、スーパーヴィジョンで明確になるのかもしれないと思ったのです。

　Breen（2003）の論考やOgden（2009a, b）の論考を繰り返し読み続けていました。また、北山修先生の講義や論考（北山, 2001他）でのスーパーヴァイザーとスーパーヴァイジー（セラピスト）と患者（クライエント）の三角関係モデルから、松木邦裕先生がスーパーヴィジョンの限界としてあげられた「面接場面は再現できない」という視点（松木, 2016）から、私自身は、面接場面とスーパーヴィジョン場面の「いま、ここ」と「あのときあそこで」の往還について考えていました。それらが本書の第4章、第5

章となっています。

私の実践研究のテーマ

　さてここで、かねてからの私の実践研究のテーマに戻ります。すでに伝えてきたことになりますが、心理療法に活かされる心理アセスメント（見立て）とは、という「問い」になります。本書のはじめにも記しましたが、「心理療法に役立たない心理アセスメントなんてありえない」わけです。しかし、それらが分断されて、つながりをもってセラピーに活かされていない現状も目にしてきたのです。

　本文でも触れていますが、初心の頃に読んだ河合隼雄先生の書籍（河合，1969）に戻ってみました。「カウンセラーが、相手の内的枠組みによる理解という点にとらわれすぎて、相手を受容すべき自己の主体性を失うようなことを繰り返してはいないか。自分の主体性を無視して、他人を受容しようとしても、無意識的には強い自我防衛を働かしていることになるのが多いのではないかとの疑問を呈する。むしろ、知的な理解と経験的な理解をもって、真に心理療法に寄与できる」とあります。私の疑問は、「その施行者、セラピスト側の主体性、経験的理解を心理アセスメントから、心理療法へとどう活かしていくべきか」というものでした。あらためて振り返ると、この疑問は、臨床の師である村上英治名誉教授と、その盟友である河合隼雄名誉教授の言葉でもあったと思い至ります。つまり、心理療法においてアセスメントが重要なのはいうまでもありません、しかし、治療の初期段階での「断定」は、避けるべきなのです。

　常に私もスーパーヴァイジーたちに「仮説として」考えること、いつでもその見立てを柔軟に変化できるこころの準備が必要、と伝えています。一方でアセスメントを回避するような意見から「見立てもなく」心理療法でひたすら傾聴だけこころがけ、必死で訴えるクライエント（患者）に何のフィードバックもなく、傷つけてしまうことが起きています。そうした事例のカンファレンスに参加すると、私はとても苦しくなります。

　『ロールシャッハ法解説―名古屋大学式技法―』の序章として再掲された「〈名古屋大学式技法〉設定への経過と特色」の中で、村上英治先生は、「われわれは、臨床家としての立場をどこまでも強調する。したがって、われわれがロールシャッハ法を用いて行う診断は、決して類型学的診断を

めざすものではなく、個々の人間の全体にせまろうとする力動的診断の立場によるものであらねばならない」としています。そして、最後に「検査状況での反応に至らないような、あらゆる言語表現をもふくめて被検者全体のパーソナリティにせまるべく、Rapaportの研究にもっとも多くの影響を受け、さらにKlopferや、Philipsらの研究からも示唆を受け、新しく思考過程の体系的カテゴリーを作成した」と、結んでいます（村上, 2018再掲版）。

　私の実践研究の道行きは、この2人の「師」への回答を模索する旅であったように感じています。そして、このことの詳細は、2022年発行の日本ロールシャッハ学会機関誌『ロールシャッハ法研究』第26巻に教育講演録として掲載しています（髙橋, 2022b）。

ひとつの節目を迎えて、新たな展開

　先述のように心理臨床家としての私自身の内なる渇望から、また研究としては、対象関係の在りよう、治療関係予測には、精神分析的オリエンテーションでの心理療法による理解が必要との想いから、自分自身の臨床家としての訓練を見直し、あらためて多岐にわたる体験を重ねてきました。それによって、より深い理解が進んできたように思います。その1つの成果が先の「事後性」というキーワードをもとにしてまとめた論文と思っていますし、本書としてまとめているところです。加えて今これらの体験を振り返って言葉にできることは、私自身が心理臨床家としても、そして教育者、実践研究者としても、以前より言葉になるまでの「時間」を大切にできるようになった気がしていることです。しかし、恥ずかしながら、我が身を振り返ることができるようになればなるほど、未熟で足りない点が目にとまり、そこから目を背けたくなってしまいます。

　これまで私自身が受けたスーパーヴィジョン体験では、同じ日本精神分析協会の訓練分析家の先生方であっても、異なる学派の先生方によるものでした。学派だけではなく、先生方固有の技法（あるいみ「芸」）をもちですから、介入や解釈についても多彩な学びの経験でした。高名な先生方は、極めて多くのトレーニーを抱え、普段のご多忙さからも、私の症例を詳細に記憶してくださるわけはなく、当然その必要もありません。したがってある事象について、再度の説明が必要な場面があります。しか

しなぜか、スーパーヴィジョンで私が面接記録を読み上げていくうちに、当該クライエントに対して、「確かこれは、○○の仕事で起きたことだよね」といった具合に、スーパーヴァイザーがよく覚えている事柄があります。この「時を超えて」スーパーヴィジョンの場面に不意にやって来ることと、繰り返しの説明が必要なことの差は、スーパーヴァイジーであるセラピストの在りように寄与しているのでしょうか。やはり、スーパーヴィジョンでのスーパーヴァイザーとスーパーヴァイジー両者の関係性ともいえるのでしょうか、何よりもクライエント（患者）の問題や特徴である、とさまざまな想いがよぎります。

　スーパーヴァイザーとしての私自身もまた同様で、「ああ、このことをこんなふうに語る人ですよね」とか「○○に行ったんでしたよね」という具合にふわりと浮かび上がることもあれば、「何度もお尋ねしているようですが……」と繰り返し確認することもあるわけです。

　もちろん、心理療法においては言うに及ばずです。面接空間は、互いのこうした記憶の断片や想いが漂う空間でもあるはずです。Bion（1970　福本・平井訳, 2002）の「記憶なく、欲望なく、理解なく」のように、記憶しようとして力むものではないのです。これが、第3章でまとめている内容の発端でもあります。

　これらの経験を経て、あらためて心理療法のプロセスから心理アセスメントを見ると、どのように役立っているかが理解できます。先の髙橋（2022a）にて論じたことですが、心理アセスメント時の象徴化された心の風景、あるいは物事が、心理療法プロセスの中で、セラピストのこころにふと浮かんでくることがあります。それは、どういったセラピストの「こころ」の在りようから「やってくる」のでしょうか。心理療法のプロセスの中で浮かんでくる、「心理アセスメント時の様子」は、例えば独特なロールシャッハ反応であったり、特徴的な描画の一部であったりもします。セラピスト側の記憶の彼方から断片として漂ってきます。面接の導入期においては、フィードバックの俎上に載せられなかったものが、セラピスト側の無意識に沈んでいたのかもしれません。しかもそれは、意識的にしていたものではないのです。面接のある段階に至って、ふと浮かび上がるのです。そうした想いは、セラピーが順調に進んでいる（ように見える）場合には、起こらないのかもしれません。こうして「治療者の事後性」を

もって浮かんできた心理アセスメントの「かけら」を心理療法に丁寧に活かしていくプロセスは、心理療法に心理アセスメントがどう活きているかを示すものであったと思います。

　本書でまとめてきたことは、結論として生まれたというよりも、ここに注目していく姿勢の大切さについて「言葉になった」といえる段階でしょう。私自身のこれまでの実践研究において見出した知見です。心理療法に活かす心理アセスメントを目指してきたまとめの段階として、心理療法プロセスから見た心理アセスメントが、どのように活かされているのかを多角的に理解していくことに至りました。今後も丁寧な事例研究の積み重ねから、心理アセスメントが心理療法に有効であるという、1つの「エビデンス」として示していくことを私の実践研究の最終目標としていきたいと考えています。

　「いまここで」ある心理療法に「あのときあそこで」話したことを想起することについて、心理アセスメントと、心理療法と、スーパーヴィジョンをもとにして、理解を深めていく、私にとってそのキーワードは、「時間と言葉」なのです。

　心理臨床家を志してすぐに、まだこの先の道も見えないままにスーパーヴァイザーのところを訪れる初心の頃と、心理臨床家としていくらかの経験を積んでから受けるスーパーヴィジョンは、クライエント理解において見えるもの、感じるこころが異なってきます。これらの経験を経て今思うのは、心理療法に心理アセスメントが、「セラピストの力」によって、活かされるように援助できるスーパーヴィジョンとは、どのようなものかということです。私はやはり、心理アセスメントと心理療法の両方を統合できるスーパーヴィジョンが大切と考えています。ここでいう心理アセスメントは、心理検査のみを示すものではありません。「見立て」について丁寧に検討し合えること、そしてそれを心理療法プロセスにおいて、必要に応じて修正していくやりとりも大切であると考えているのです。本書で示した「わからないこと」に開かれること、さらには「理解が違っていた」ことを真摯に受け止め内省できる力を、スーパーヴァイザーこそが培っていくべきでしょう。この営みが、スーパーヴァイジーの成長だけではなくスーパーヴァイザー自身の成長も促すものと考え、歩み続けていきたいと思うのです。

さらなる歩みに向けて

　心理アセスメントと心理療法をつなぐものは、「セラピストのこころ」であると考えます。その修練のためにも、どちらの訓練も永続的に行っていくことが必要と考えています。サヴァティカル期間を活用して、この「こころ」を再考し、言葉にする活動の端緒を開くこととなりました。

　心理療法に現れた転移関係から理解するアセスメント時の関係性が、また心理療法にフィードバックされます。その理解は、また新たなクライエントのアセスメントにおける理解に還元されていきます。この往還の中で、私たちは専門性を磨き、たとえ治療に行き詰まってもその活路を見出していくことが可能になると思っています。指導者になってから受ける訓練、スーパーヴィジョンやカンファレンス等での発表、コメントを受けて深く考えることは、心理臨床家のこころの涵養に大きく役立ちます。自分自身の連想、もの想うこころが豊かになります。世界的に著名なビオニアンであるVermote先生のいう「無心」になることで、こころが開かれ、目が開かれると考えます。

　今後も「時間と言葉」を手掛かりとして、実践活動をもとにした知見を丁寧にまとめていきたいと思っています。それでも私のこころに残る「yes」の言葉を越えることは、なかなか険しい道のりです。長い時間が必要なのです。

　最後になりましたが、こうして実践から学んだことを心理臨床家の皆様に伝えていく作業にはとても長い時間を要しました。そして、さまざまな先生方にお世話になりましたことに感謝申し上げます。

　まず、おそらく私にとってこころの深いところに響く作業に同行してくださいました日本精神分析協会訓練分析家の先生方には、大変深く意義深い時間を提供していただきました。お名前をあげることは控えさせていただきますが、私の人生におきまして、先生方との時間はかけがえのないものでした。また、初心の頃から振り返ると極めて多くのスーパーヴァイザーの先生方にお世話になってまいりました。10名余の先生方に心理アセスメントや心理療法に関してご指導を受けてきたことが、私の今を支えてくださっています。

　私の実践活動は、大学附属の心理教育相談室からはじまり、学生相談臨

床、病院臨床、私設相談臨床に携わってきました。現在まで引き続き福岡市の汨江堂油山病院の三野原義光理事長、入澤誠院長をはじめ、多くの先生方が私の心理臨床活動を支えてくださっています。こころから深謝申し上げます。

　私の所属講座、コースの先生方には日頃より大変お世話になっています。とりわけ藤原勝紀名誉教授、皆藤章名誉教授、西見奈子准教授にはひとかたならぬご支援をいただいてきました。

　最後になりましたが、いつもながらの私の遅々たる作業を粘り強く支えてくださいました編集者の井上誠様に、そして、福村出版の宮下基幸社長、大変丁寧な編集作業をいただきました小山光様にこころから御礼申し上げます。

　そして、常に見守り励ましてくれる家族に、感謝の意を表したいと思います。

2024年1月
災害からの復興と
戦争のない平和な世界を願って
髙橋　靖恵

文　献

馬場禮子（1995）ロールシャッハ法と精神分析—継起分析入門—　岩崎学術出版社.

馬場禮子（1997）第Ⅰ部 心理検査9 投映法における投映水準と現実行動との対応—ロールシャッハ・テスト—. 馬場禮子　心理療法と心理検査（pp.122-140）　日本評論社.

馬場禮子（1999）精神分析的心理療法の実践—クライエントに出会う前に—　岩崎学術出版社.

馬場禮子（2006）投映法—どう理解しどう使うか—. 氏原寛・岡堂哲雄・亀口憲治・西村洲衛男・馬場禮子・松島恭子（編）　心理査定実践ハンドブック（pp.220-230）　創元社.

Bion, W. R. (1962) Learning from Experience. In Bion, W. R. (1977) Seven Servants. New York: Jason Aronson, Inc. ［福本修・平井正三（訳）（1999）第1部 経験から学ぶこと. 精神分析の方法Ⅰ（pp.1-116）　法政大学出版局.］

Bion, W. R. (1967a) Second Thought. London: William Heinemann Medical Books. ［松木邦裕（監訳）, 中川慎一郎（訳）（2007）再考：精神病の精神分析論　金剛出版.］

Bion, W. R. (1967b) Negative Capability. In Mawson, C. (ed.) (2018) Three Papers of W. R. Bion (pp.19-33). New York: Routledge.

Bion, W. R. (1970) Attention and Interpretation. In Bion, W. R. (1977) Seven Servants. New York: Jason Aronson, Inc. ［福本修・平井正三（訳）（2002）第4部 注意と解釈. 精神分析の方法Ⅱ（pp.193-329）　法政大学出版局.］

Bion, W. R. (1994) Clinical Seminars and Four Papers. Oxford Fleetwood Press. ［祖父江典人（訳）（1998）対話1. ビオンとの対話　そして, 最後の四つの論文（pp.13-32）　金剛出版.］

Bion, W. R. (1994) Clinical Seminars and Other Works. London: Karnac Books. ［松木邦裕・祖父江典人（訳）（2000）ビオンの臨床セミナー　金剛出版.］

Breen, B. D. (2003) Time and the aprés-coup. The International Journal Psychoanalysis, 84, 1501-1515.

Casement, P. (1985) On learning from the Patient. London: Tavistock Publication. ［松木邦裕（訳）（1991）患者から学ぶ—ウィニコットとビオンの臨床応用—　岩崎学術出版社.］

Christie, A. (1949) Crooked House. ［田村隆一（訳）（1984）ねじれた家　ハヤカワ・ミステリ文庫.］

Coltart, N. (1987) Diagnosis and Assessment for Suitability for Psycho-Analytical Psychotherapy. British Journal of Psychotherapy, 4, 127-134.

Coltart, N. (1993) How to Survive as a Psychotherapist. London: Sheldon Press.［館直彦（監訳），藤本浩之・関真粧美（訳）（2007）精神療法家として生き残ること―精神分析的精神療法の実践―　岩崎学術出版社.］

Finn, S. E. (2007) In Our Clients' Shoes: Theory and Techniques of Therapeutic Assessment (Counseling and Psychotherapy). New York: Routledge.

Freud, S. (1885-1938) "Originalaufzeichnungen zu einem Fall von Zwangsneurose (>Rattenmann<)." G. W. Werke aus den Jahren.［北山修（監訳），髙橋義人（訳）（2006）「ねずみ男」精神分析の記録　人文書院.］

Freud, S. (1909) Analysis of a phobia in a five-year-old boy. In the Standard Edition of the Complete Psychological Works of Sigmund Freud Vol.10. London: Vintage Books.［総田純次（訳）（2008）ある五歳男児の恐怖症の分析〔ハンス〕. フロイト全集10（pp.1-176）岩波書店.］

Freud, S. (1909) Notes upon a case of obsessional neurosis. In the Standard Edition of the Complete Psychological Works of Sigmund Freud Vol.10. London: Vintage Books.［福田覚（訳）（2008）強迫神経症の一例についての見解〔鼠男〕. フロイト全集10（pp.177-274）　岩波書店.］

Freud, S. (1912) Recommendations to physicians practicing psychoanalysis. In the Standard Edition of the Complete Psychological Works of Sigmund Freud Vol.12. London: Vintage Books.［小此木啓吾（訳）（1983）分析医に対する分析治療上の注意. フロイト著作集 第9巻（pp.78-86）　人文書院.］［藤山直樹（監訳）（2014）精神分析を実践する医師への勧め. フロイト技法論集（pp.21-34）　岩崎学術出版社.］

Freud, S. (1923) The Ego and the Id. In the Standard Edition of the Complete Psychological Works of Sigmund Freud Vol.19. London: Vintage Books.［道籏泰三（訳）（2007）自我とエス. フロイト全集18（pp.1-62）　岩波書店.］

藤原勝紀（編）（2005）現代のエスプリ別冊　臨床心理スーパーヴィジョン　至文堂.

深津千賀子（2019）Ⅱ-2 精神力動論. 日本家族心理学会（編）　家族心理学ハンドブック（pp.50-57）　金子書房.

Hashimoto, T., Takahashi, Y., Martin, H., Kawamoto, M., Nishio, Y., & Finn, S. E. (2014) «Symposium» "Future Training and Education of Psychological Assessment: USA and Japan." XXI International Congress of Rorschach and Projective Methods. In Istanbul, (Turkey). (Abstract Book, 76-77)

石井佳葉（2020）ロールシャッハ法における父親・母親イメージカード選択を通した多層的理解―発症初期の摂食障害女性を対象とした検討―　ロールシャッハ法研究, 24, 1-15.

伊藤良子（1990）書き印す行為―青年期の心理療法―. 大東祥孝・松本雅彦・新宮一成・山中康裕（編）　青年期・美と苦悩（pp.45-58）　金剛出版.

岩崎徹也（2007）日本における「A-Tスプリット」の始まり　精神分析研究, 51(4),

345-348.

皆藤章（編）（2014）心理臨床実践におけるスーパーヴィジョン―スーパーヴィジョン学の構築― 日本評論社.

狩野力八郎（2007）日本における「A-T スプリット治療」の概観 精神分析研究, 51 (4), 349-358.

上別府圭子（2007）AT スプリット―T から A へ― 精神分析研究 51(4), 359-366.

河合隼雄（1969）臨床場面におけるロールシャッハ法 岩崎学術出版社.

北山修（2001）精神分析理論と臨床 誠信書房.

北山修（2003）治療記録のための覚え書き―直接話法と間接話法の使い分け― 精神分析研究, 47(2), 133-139.

北山修（2005）第1章 共視母子像からの問いかけ. 北山修（編） 共視論―母子像の心理学―（pp.7-46） 講談社選書メチエ.

前田重治（1976）心理面接の技術―精神分析的心理療法入門― 慶應通信.

前田重治（1981）第7章 心理臨床への道. 前田重治 臨床精神医学叢書9 精神科臨床と心理臨床家（pp.175-201） 星和書店.

前田重治（1992）精神分析の視点―心理臨床エッセー集― 誠信書房.

前田重治（2008）図説 精神分析を学ぶ 誠信書房.

前田重治（2014）新図説 精神分析的面接入門 誠信書房.

前田重治（2020）「一行目」の意義. 宵闇の季節（pp.195-204） せいうん.

松木邦裕（2005）私説 対象関係論的心理療法入門―精神分析的アプローチのすすめ― 金剛出版.

松木邦裕（2009）精神分析体験：ビオンの宇宙―対象関係論を学ぶ 立志編― 岩崎学術出版社.

松木邦裕（2015）耳の傾け方―こころの臨床家を目指す人たちへ― 岩崎学術出版社.

松木邦裕（2016）スーパーステーション―スーパーヴァイザーという仕事を省みて―. 心理臨床スーパーヴィジョン学, 第2号, 3-12.

松本千夏・黒﨑和泉（2014）第7章 心理アセスメントにおけるテストバッテリーの組み方とフィードバックの工夫―投映法を中心とした立体的クライエント理解―. 髙橋靖恵（編）「臨床のこころ」を学ぶ心理アセスメントの実際（pp.150-174） 金子書房.

松本雅彦（1987）「治すこと」と「治ること」と―分裂病治療における「接線的触れ合い」について―. 土居健郎（編） 分裂病の精神病理16（pp.139-166） 東京大学出版会.

森田美弥子・長野郁也・中原睦美・杉村和美・髙橋昇・髙橋靖恵・星野和実（2001）ロールシャッハ反応における限定づけ・修飾の系列化―名大式「思考・言語カテゴリー」による検討 ― 心理臨床学研究, 19(3), 311-317.

森田美弥子・髙橋靖恵・髙橋昇・杉村和美・中原睦美（2010）実践ロールシャッハ法

ナカニシヤ出版.

無着成恭（1984）無着成恭の対談集「人それぞれに花あり」　太郎次郎社.

村上英治（1992a）「ともにある」ということ―患者から学ぶ―. 精神療法, 18(1), 68-69, 金剛出版.

村上英治（1992b）人間が生きるということ（シリーズ人間性の心理学）大日本図書.

村上英治　序章〈名古屋大学式技法〉設定への経過と特色（2018）ロールシャッハ法解説―名古屋大学式技法―　金子書房に再掲.

妙木浩之（2010）自我心理学―米国精神分析の歴史的展望―. 妙木浩之（編）自我心理学の新展開――フロイト以後 米国の精神分析（pp.6-32）ぎょうせい.

妙木浩之（2018）治療構造論（特集：治療構造論再考）. 臨床心理学, 18(3), 257-263.

名古屋ロールシャッハ研究会（編）, 森田美弥子・加藤淑子・高橋昇・高橋靖恵・坪井裕子・長瀬治之・畠垣智恵・山田勝（責任編集）（2018）ロールシャッハ法解説―名古屋大学式技法―　金子書房.

中井久夫（1985）風景構成法. 中井久夫著作集　精神医学の経験2巻　治療（pp.226-231）岩崎学術出版社.

中村伸一（2014）家族面接における力動的理解（特集：日常臨床における力動的精神療法の意義）精神療法, 40(3), 394-397.

成田善弘（2014）力動的精神療法について（特集：日常臨床における力動的精神療法の意義）精神療法, 40(3), 411-412.

西平直（2015）誕生のインファンティア　みすず書房.

西平直（2019）稽古の思想　春秋社.

西園昌久（2014）力動的精神療法―こころには幻想とその挫折とがある―（特集：日常臨床における力動的精神療法の意義）精神療法, 40(3), 407-408.

野澤桂子・皆藤章（2018）第8章 がん治療を受けるひとと社会をつなぐケアの本質. 皆藤章（監修）, 高橋靖恵・松下姫歌（編）京大心理臨床シリーズ12　いのちを巡る臨床―生と死のあわいに生きる臨床の叡智―（pp,241-273）創元社.

Ogden, T. H. (2009a) Rediscovering Psychoanalysis. Psychoanalytic Perspectives, 6(1), 22-31.

Ogden, T. H. (2009b) On psychoanalytic supervision. In Ogden, T. H. Rediscovering Psychoanalysis: Thinking and Dreaming, Learning and Forgetting (pp.31-49). New York: Routledge. ［藤山直樹（監訳）（2021）第3章 精神分析的スーパーヴィジョンについて. 精神分析の再発見（pp.49-75）木立の文庫.］

Rapaport, D. (1946) Diagnostic Psychological Testing. II. Chicago: The Yearbook Publishers.

Rorschach, H. (1921) Psychodiagnostik-Methodik und Ergebnisse eines wahrnehmungs-diagnostischen Experiments. Bern: Hans Huber. ［片口安史（訳）（1976）精神診断学―知覚診断的実験の方法と結果（偶然図形の判断）―　金子書房.］

Rorschach, H. (1972) Psychodiagnostik-Methodik und Ergebnisse eines wahrnehmungs-diagnostischen Experiments 9 eds. Bern: Hans Huber. ［鈴木睦夫（訳）（1998）新・完訳

精神診断学　金子書房.]

城野(髙橋)靖恵（1995）アイデンティティの揺らぎ，狂気恐怖を訴える女子青年との
　　面接過程—巻き込まれることの意義—　心理臨床学研究，13(1)，62-74.

髙橋昇（2021）第1章 子どものアセスメントを取り囲むもの．髙橋靖恵（編）ライフ
　　ステージを臨床的に理解する心理アセスメント（pp.1-34）金子書房.

髙橋靖恵（1998）身体症状を訴えた女子青年とのかかわり—クライエントが面接の記録
　　をすることをめぐって—．河合隼雄・藤原勝紀（編）心理臨床の実際3 学生相談
　　と心理臨床（pp.173-187）金子書房.

髙橋靖恵（1999）第五章 家族とかかわるということ—こころ病む青年とともに—．池
　　田豊應・後藤秀爾（編）心の臨床・その実践—かかわることの原点から—（pp.65-
　　82）ナカニシヤ出版.

髙橋靖恵（2003a）第5章 心理アセスメントの実践と教育をめぐって．藤山英順（監
　　修），森田美弥子・川瀬正裕・金井篤子（編）21世紀の心理臨床（pp.77-91）ナカ
　　ニシヤ出版.

髙橋靖恵（2003b）面接記録を書くことの意味について　精神分析研究，47(2)，153-
　　156.

髙橋靖恵（2003c）統合失調症を病む青年との心理療法過程—本人と家族に対する支え
　　の層状モデル—　心理臨床学研究，21(4)，362-373.

髙橋靖恵（編著）（2008）家族のライフサイクルと心理臨床　金子書房.

髙橋靖恵・長崎千夏（2009）発達障害を抱える成人事例のロールシャッハ法・見立てに
　　関する検討—「テストバッテリー」と「医師との連携」の視点から—　日本ロール
　　シャッハ学会第13回大会発表論文集，22.

髙橋靖恵（2011）心理査定法と精神分析（特集：心理面接の基本としての精神分析）
　　臨床心理学，66（11(6)），831-835.

髙橋靖恵（2012）コンセンサス　ロールシャッハ法—青年期の心理臨床実践にいかす家
　　族関係理解—　金子書房.

髙橋靖恵（2014a）第3章 スーパーヴァイザー養成を巡る諸課題，第7章 スーパーヴィ
　　ジョン学の構築．皆藤章（編）心理臨床実践におけるスーパーヴィジョン—スー
　　パーヴィジョン学の構築—（pp.50-66, 150-171）日本評論社.

髙橋靖恵（2014b）第9章 心理アセスメントの実践的訓練を通して理解する「臨床のこ
　　ころ」．髙橋靖恵（編）「臨床のこころ」を学ぶ心理アセスメントの実際（pp.198-221）
　　金子書房.

髙橋靖恵（2015）講演記録 Dr. Stephen E. Finnを招聘　心理臨床スーパーヴィジョン
　　学（京都大学大学院教育学研究科 臨床心理学講座 臨床実践指導者養成コース紀要），
　　創刊号，121.

Takahashi, Y., Kaji. M., & Takazawa. T. (2017) Supervision of Psychological Assessment Related
　　to Projective Methodology and Its Clinical Application. International Congress of Rorschach

and Projective Methods. In Paris, (France). (Programme & Book of Abstracts, 193).

髙橋靖恵（2018a）第2章 いのちの要請に応える学問の誕生 1臨床実践指導学の誕生と
その後の発展―第四ステージへの出立―．皆藤章（監修），髙橋靖恵・松下姫歌（編）
京大心理臨床シリーズ12 いのちを巡る臨床（pp.73-89） 創元社.

髙橋靖恵・鍛冶美幸・高澤知子（2018b）特集（スーパーヴィジョンをめぐる研究報告）
心理アセスメントのスーパーヴィジョン 心理臨床スーパーヴィジョン学（京都大学
大学院教育学研究科 臨床心理学講座 臨床実践指導者養成コース紀要），4，44-55.

髙橋靖恵（2019）A-Tスプリット再考［臨床実践ケースカンファレンス］企画実践・
体験報告書 心理臨床スーパーヴィジョン学（京都大学大学院教育学研究科 臨床心
理学講座 臨床実践指導者養成コース紀要），5，103.

髙橋靖恵（2020）「特集 心理臨床学会第37回大会 会員企画シンポジウム 「アート
としてのスーパーヴィジョン―サイエンスとの対話を通して―」（指定討論者として）
心理臨床スーパーヴィジョン学（京都大学大学院教育学研究科 臨床心理学講座 臨床
実践指導者養成コース紀要），6，44-46.

髙橋靖恵（編）（2021a）ライフステージを臨床的に理解する心理アセスメント 金子書
房.

髙橋靖恵（2021b）「コロナ禍における心理臨床」特集に寄せて 心理臨床スーパーヴィ
ジョン学（京都大学大学院教育学研究科 臨床心理学講座 臨床実践指導者養成コース
紀要），7，3-5.

髙橋靖恵（2022a）治療者の事後性とアセスメントへの回帰 精神分析研究，66(3)，
247-259.

髙橋靖恵（2022b）教育講演「心理アセスメントの新たな学びと伝承」 ロールシャッ
ハ法研究，26，50-53.

髙橋靖恵（2023）心理臨床における「時間」と「言葉」 心理臨床スーパーヴィジョン
学（京都大学大学院教育学研究科 臨床心理学講座 臨床実践指導者養成コース紀要）
9，3-8.

髙橋靖恵・西見奈子（編）（2024）心理臨床に生きるスーパーヴィジョン―その発展と
実践― 日本評論社.

髙野晶（2018）週1回の精神分析的精神新療法―自負と慎みと― 精神分析研究，62
(4)，568-574.

Vermote, R. (2018) Reading Bion. London: Routadge.

山中康裕（編）（1984）中井久夫著作集 別巻 風景構成法 岩崎学術出版社.

養老孟司（2003）バカの壁 新潮新書.

髙橋 靖恵（たかはし・やすえ）

京都大学大学院教育学研究科臨床心理学講座教授。
名古屋大学大学院教育学研究科博士後期課程満期退学。博士（教育心理学）。
九州大学大学院人間環境学研究院准教授を経て、現職。
臨床心理士、日本精神分析協会精神分析的精神療法家、家族心理士、公認心理師。

主な著書に『コンセンサス　ロールシャッハ法―青年期の心理臨床実践にいかす家族関係理解―』（著）金子書房　2012年、『新・青年心理学ハンドブック』（分担執筆）福村出版　2014年、『ロールシャッハ法解説―名古屋大学式技法―』（共編著）金子書房　2018年、『京大心理臨床シリーズ12　いのちを巡る臨床―生と死のあわいに生きる臨床の叡智―』（共編著）創元社　2018年、『家族心理学ハンドブック』（共編著）金子書房　2019年、『ライフステージを臨床的に理解する心理アセスメント』（編著）金子書房　2021年、他。

心理臨床実践において「伝える」こと
──セラピストのこころの涵養

2024年4月10日　初版第1刷発行

著　者　髙橋靖恵

発行者　宮下基幸

発行所　福村出版株式会社
　　　　〒113-0034　東京都文京区湯島 2-14-11
　　　　電話　03（5812）9702
　　　　FAX　03（5812）9705
　　　　https://www.fukumura.co.jp

装画（書・写真）　髙橋　昇

印刷・製本　中央精版印刷株式会社

福村出版◆好評図書

皆藤 章 編著・訳

心理臨床家のあなたへ
●ケアをするということ

◎2,400円 ISBN978-4-571-24065-2 C3011

心理臨床家にとって最も大切な「ひとを知ること」とはどういうことかを，40年に及ぶ臨床家人生の中から伝える。

P. クーグラー 編著／皆藤 章 監訳

スーパーヴィジョンの実際問題
●心理臨床とその教育を考える

◎5,000円 ISBN978-4-571-24077-5 C3011

ユング派というオリエンテーションを超え，スーパーヴィジョンとは何かという問題を通して心理臨床を考える。

A. クラインマン 著／皆藤 章 監訳

ケアのたましい
●夫として，医師としての人間性の涵養

◎3,800円 ISBN978-4-571-24091-1 C3011

ハーバード大学教授で医師であるクラインマンが，認知症の妻の十年に亘る介護を通してケアと人生の本質を語る。

西 見奈子 編著

精神分析にとって女とは何か

◎2,800円 ISBN978-4-571-24085-0 C3011

フェミニズムと精神分析の歴史，臨床における女性性，日本の精神分析，更にラカン派の女性論で検討する。

L. ボスコロ・P. ベルトランド 著／亀口憲治 監訳／下川政洋 訳

心理療法における「時間」の役割
●ミラノ派システミック家族療法の実践

◎6,000円 ISBN978-4-571-24109-3 C3011

臨床心理学的「時間」とは何か。心理療法における「時間」の役割を，詳細な事例検証を通して包括的に論じる。

L.E.ビュートラ・T.M.ハーウッド 著／青木紀久代 監訳／金原さと子 訳

STS（系統的心理療法選択）にもとづくセラピー
●クライエントに適合する心理療法選択のためのガイドブック

◎5,500円 ISBN978-4-571-24108-6 C3011

エビデンスに基づき「実際に機能する」心理療法を系統的に選択するSTS理論。共同研究者による日本初紹介。

川嵜克哲 著

風景構成法の文法と解釈
●描画の読み方を学ぶ

◎3,400円 ISBN978-4-571-24071-3 C3011

実施手順から箱庭療法との違い，基本型となる描画の解釈，各項目の意味と配置などを長年に亘る経験から詳説。

◎価格は本体価格です。